おでかけ韓国 in東京・京阪神

일본에서 한국 즐기기

朝日新聞出版

한국
한국
한국
가고
싶다
가고
싶다
가고
싶다

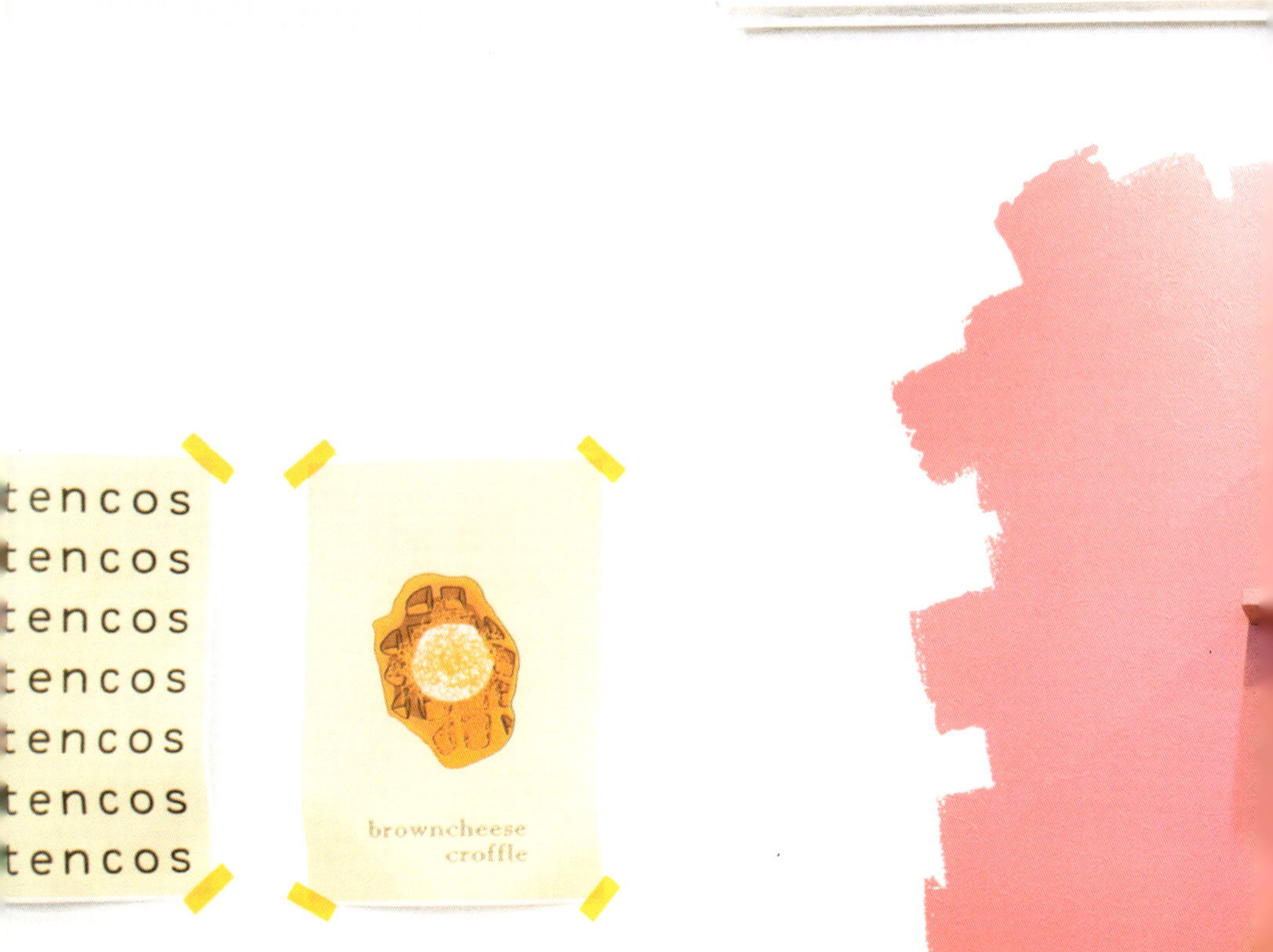

はじめに

私たちの心を惹きつけてやまない韓国カルチャー。ドラマ、K-POP、ファッションなどさまざまな入口から 韓国沼にハマって抜け出せない！という人が多いのでは？また、韓国旅行に行ったことのある人なら、きっとあの空気が恋しくてたまらないはず。

韓国ラバーの思いに応えるかのように、日本でも韓国を感じられるスポットが増加中。東西の2大コリアンタウン・新大久保&鶴橋をはじめ、現地感のある韓国料理店やカフェ、ショップなどが各地に続々と誕生しています。

本書ではその中から、主に東京、大阪、京都、神戸のスポットを約150軒ご紹介。韓国からの上陸店、現地のトレンドを取り入れた新店、ハズせない人気店、ちょっとツウな老舗など、いろんなお店を集めました。ふらっと気軽に、はたまたプランを立てて一日中、日本で韓国旅行気分を味わってみませんか？

CONTENTS

ご注意

・本書に掲載したデータは2021年10月現在のものです。出版後、新型コロナウイルス感染症の影響などにより内容や料金などが変更となる場合がありますので、あらかじめ最新情報をご確認のうえおでかけください。
・原則として、取材時点での税率をもとにした消費税込みの料金を表示しています。
・商品により、軽減税率の対象となる場合などで料金が異なることがあります。
・定休日は原則として年末年始、臨時休業などを除いた日のみを掲載しています。詳細は各店舗へお問い合わせください。
・本書に掲載された内容による損害等は弊社では補償しかねますので、あらかじめご了承ください。

京阪神編

CAFE

GOURMET

FASHION & BEAUTY

全国のおでかけ韓国スポット 184

COLUMN

INDEX 190

本書をご利用になる前に

データアイコンについて

＝電話番号　＝住所　＝営業時間　＝定休日　＝交通アクセス

表紙 ▶ BUNBUNBUNSIK (P.162)
裏表紙 ▶ noncaron (P.146)
本体表紙 ▶ un weekend à home (P.128)

2次元コードについて

Instagramアカウントや公式サイトがある店舗はリンクを2次元コードで掲載しています。営業時間、定休日、料金プランなどの詳細情報はコードを読み取り、各店舗のInstagramや公式サイトをご参照ください。なお、店舗のアカウントやサイト変更にともない、出版後に2次元コードのリンクが無効となり、読み取れなくなる場合があるのでご注意ください。

lattencos

→P.020

카페, 늘 (カフェ、ヌル)

→P.026

SLOWSLOW QUICK-QUICK-

→P.016

上陸店が大集合
テイクアウトでチキンパーティー！

→P.060

＼ まるで韓国旅!!な ／

1泊2日おでかけプラン in 東京

MUUN Seoul 2号店
→P.040

Day 1 新大久保を満喫！夜はホテルで渡韓気分♪

- **11:00** lattencosでコスメ、アクセ、カフェを一気に満喫！ →P.020
- **12:30** ランチはSLOWSLOW_QUICK-QUICK-のフュージョン粉食 →P.016
- **14:00** 刹那館 新大久保店でセルフ写真を撮る →P.098
- **15:00** 韓国っぽなカフェ카페《カフェ》，늘《ヌル》でお茶 →P.026
- **17:00** YESMARTで韓国食材ショッピング →P.034
- **18:00** 日本上陸1号店！ハンシンポチャ 職安通り店で乾杯♡ →P.014
- **20:30** CEN DIVERSITY HOTEL & CAFEにチェックイン →P.182
- **21:00** ホテルのお部屋でチメク！ →P.058

Day 2 コスメに文学、カフェに洋服！都内でばっちり韓国充♡

- **10:30** ホテルで朝食をすませてチェックアウト
- **11:00** OLIVE YOUNG PB COSMETICS ルミネエスト新宿店で韓コスハント →P.086
- **12:30** マニョキンパ 市ヶ谷店のキンパでランチ♪ →P.070
- **14:00** CHEKCCORIでK-BOOKの世界に浸る →P.089
- **15:00** MUUN Seoul 2号店で韓国カフェ気分 →P.040
- **16:00** NERDY, STYLENANDAなど韓国発アパレルをめぐる →P.090
- **17:30** 渋谷に移動してALANDでショッピング →P.090
- **19:00** 韓国式豚焼肉 豚山食堂で熟成サムギョプサルを堪能 →P.064

韓国式豚焼肉 豚山食堂
→P.064

李朝喫茶 李青
→P.140

まるで韓国旅!!な

2泊3日おでかけプラン in 京阪神

Day 1 現地感あふれるお店が大充実♡ 五感で味わう韓国@京都

11:00 李朝喫茶 李青で
朝鮮王朝時代にタイムスリップ →P.140

12:30 BUNBUNBUNSIKでランチ →P.162

14:00 予約制カフェ un weekend à homeへ →P.128

16:00 セルフ写真館 ulipom
で韓国制服をレンタルして撮影♡ →P.099

17:00 ミリネヤンコプチャンで
釜山式のホルモンを →P.156

19:30 2軒目は韓国屋台料理と
ナッコプセのお店 ナム 西院店へ →P.150

21:30 大阪へ移動! 宿泊はhotel it.で →P.183

Day 2 大阪で韓国ルックに変身! コリアタウンへも足を運んで

10:00 HEAL HAIRで韓国風のスタイルに →P.181

12:00 어때 オッテのトースト&プデチゲでランチ →P.173

13:00 cafe no. 堀江店でカフェタイム →P.136

14:00 Ancci brush 大阪北堀江店で
噂のメイクブラシをゲット →P.180

15:30 安田商店で韓服に着替えて
記念撮影♡ →P.121

17:00 キムチランド 鶴橋本店で
韓国のお菓子を買う! →P.110

18:30 ディナーは韓国居酒屋ばんぐり
鶴橋店の山盛りカムジャタン →P.122

Day 3 最新カフェから老舗まで! 神戸でトレンドと歴史を感じて

11:00 BUTTERCUPで
韓国カフェ気分を満喫 →P.132

13:00 元祖平壌冷麺屋 本店で
日本最古の平壌冷麺に舌鼓 →P.174

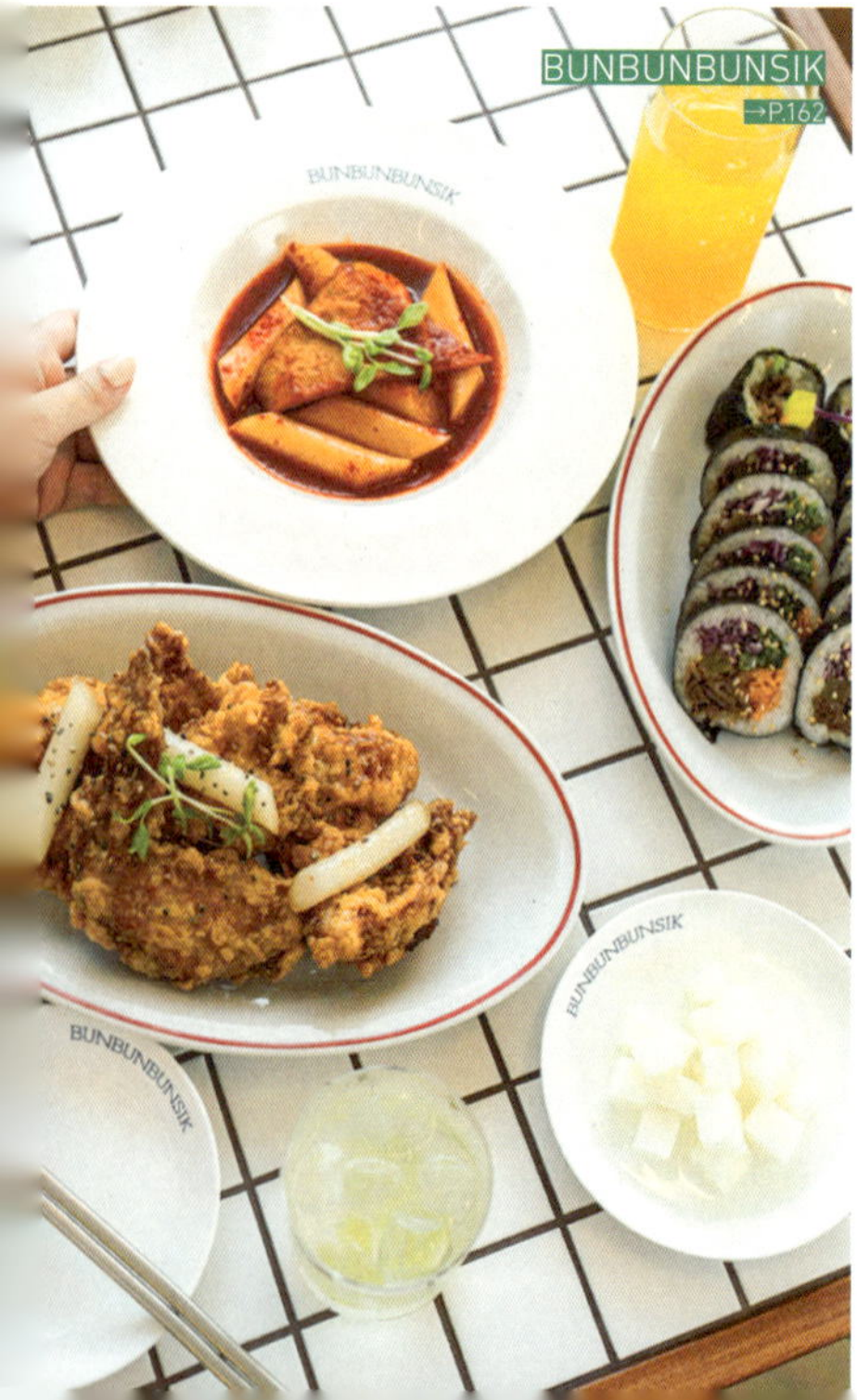

BUNBUNBUNSIK
→P.162

un weekend à home
→P.128

ミリネヤンコプチャン
→P.156

韓国屋台料理とナッコプセのお店 ナム 西院店
→P.150

BUTTERCUP
→P.132

キムチランド 鶴橋本店
→P.110

TOKYO
도쿄
東京

わら火 by くるむ
→P.018

今、これがしたい！

新大久保

WISH LIST 12

신오쿠보

新大久保攻略TIPS！

☑ **韓国のチェーンが続々上陸！**

フライドチキン、トッポッキ、焼肉、ポチャ（室内屋台）など、現地の人気チェーンが新大久保に集結。本場の味を堪能して♪

☑ **ランチがとにかくお得！**

おかず食べ放題などお得なランチプランを提供するお店が多数。混雑を避けるなら開店直後など少し早めの昼食がおすすめです。

☑ **スーパーは午前中が狙い目**

11時頃から開く店が多い中、スーパーは8～9時から営業。荷物を持ち歩くのが苦でなければ先に買い物をすませるのもアリ。

lattencos
→P.020

카페 , 늘 (カフェ、ヌル)
→P.026

レトロポチャ
→P.028

東京

WISH LIST 위쉬리스트 1

백종원《ペク・ジョンウォン》

韓国の味、そのまま！
ペク先生のお店に行きたい！

BTSとのコラボも話題
巨匠の味を日本でも

韓国を代表する料理研究家ペク・ジョンウォン。軽快なトークと豊富な知識、人情味あふれる人柄で愛され、テレビ、Netflix、YouTubeなどで、マルチに活躍しながら韓国料理の魅力を世界に発信しています。飲食企業の代表として多数のブランドを手掛け、韓国内にある店舗の数は1700店超え。世界各国に展開し、近年は日本各地にも続々オープン。特に新大久保は職安通りにお店が集中し、"ペク・ジョンウォン通り"の名が付きそうなほどの充実ぶり。韓国で愛されるペク先生の味をぜひ体験してみて！

ハンシンポチャ
職安通り店
はんしんぽちゃ しょくあんどおりてん

韓国の路上に並ぶ昔懐かしい屋台（ポチャ）の雰囲気を屋内に再現し、1998年に誕生した韓国初の"大型室内屋台ブランド"。2021年8月、本場の味をそのままに待望の日本初上陸を果たしました。

東京・新大久保
03-6233-9155
東京都新宿区大久保1-12-4 ASS第2ビル1F
12:00～翌5:00(LO翌4:00)、日曜～翌0:00(LO23:00)
無休
東新宿駅A3出口から徒歩4分

＼ まだある！ ペク・ジョンウォンプロデュースのお店 ／

BORNGA
新宿職安通り店
ボンガ しんじゅくしょくあんどおりてん

牛バラ焼肉

薄くスライスした牛バラの焼肉を野菜で巻いて食べるウサムギョプ1180円とチャドル味噌チゲ980円は必食！

東京・新大久保
03-6205-9437
東京都新宿区大久保1-17-10 2F
11:00～翌0:00(LO23:00)
無休
新大久保駅から徒歩6分

香港飯店0410
職安通り店
ほんこんはんてんゼロヨンイチゼロ しょくあんどおりてん

韓国式中華

チャジャン麺730円、チャンポン830円などの韓国式中国料理専門店。原宿、大阪、福岡にも支店があります。

東京・新大久保
03-6265-9952
東京都新宿区歌舞伎町2-19-10 1F
11:00～23:00(LO22:30)
無休
東新宿駅A3出口から徒歩3分

セマウル食堂
新宿職安通り店
せまうるしょくどう しんじゅくしょくあんどおりてん

豚焼肉

熟成した豚肉をピリ辛ダレで炒める熱炭プルコギ880円、7分豚キムチチゲ720円が名物。小岩や大阪にも支店あり。

東京・新大久保
03-6205-6226
東京都新宿区百人町1-1-4
11:00～翌0:00(LO23:00)
無休
新大久保駅から徒歩5分

PAIK'S BEER
ペクズビア

チキン

フライドチキンが売りのカジュアルビアパブ。おすすめはニンニクと青唐辛子が効いたコチュマヌルチキン1980円。

東京・新大久保
03-6233-7948
東京都新宿区百人町1-1-4 B1F
11:00～翌3:00(LO翌2:00)
無休
新大久保駅から徒歩6分

韓国屋台の〃情〃と絶品料理を堪能♪

1 ぷりぷりのエビとたっぷりのチーズが絡み合うハンイプチーズセウ（ひとくちチーズエビ）1380円。タッパルとも相性バツグン
2 3 店名は1980年代のソウルにあった屋台村「韓信ポチャ」の名前をとって付けられたそう

ハンシンポチャの3大定番はコレ！

ハンシン・タッパル（鶏足のピリ辛炒め）
1880円

旨辛ソースがクセになる！　自分で作るおにぎり、セルフチュモクパプ480円と一緒に食べるのもおすすめです

ハンシン・トンダック（鶏の丸揚げ）
1580円

外はパリッと香ばしく、身はふっくらやわらかな絶品チキン。お店で仕込む付け合わせの酢漬け大根もいいアクセント

トマトソースケランマリ（トマトソース卵焼き）
1380円

卵8個使用のビッグサイズ。ミートソースとモッツァレラチーズ入りで自家製トマトソースとよく合います

WISH LIST 위쉬리스트 2

퓨전분식《ピュジョンプンシク》

現地で流行りのフュージョン粉食《プンシク》が食べたい！

マリモおにぎり(3個)580円。奈良漬入りおにぎりに生海苔をまぶし、明太ソースをオン

1 デザインを専攻していたスタッフが多く、店舗デザインやロゴもスタッフが考案 2 韓国のアパレルブランド「BESLOW」とのコラボTシャツ5000円も販売 3 テイクアウトボックスもかわいい！　デリバリーにも対応 4 1人1フード＋1ドリンク注文必須。天気のいい日はオープンエアな開放感ある空間に♪

トッポッキやキンパをモダンにアレンジ！

韓国では、トッポッキのような小麦粉や米粉を使った食べ物やキンパなどの軽食は〝粉食〟と呼ばれ、大衆的なおやつとして老若男女に親しまれています。「SLOWSLOW_QUICK-QUICK-」は、粉食を現代風にアレンジした〝フュージョン粉食〟の専門店。コチュジャンを使ったピリ辛クリームソースのトッポッキ「ロゼトッポッキ」や、ご飯の代わりにたっぷりの錦糸卵を巻いた「ふわふわキンパ」など、現地のトレンドをいち早く取り入れたメニューを提供しています。

ソウル・カロスキルで日本式居酒屋を営んでいたオーナーが仲間と共に店を立ち上げ、内装もすべてセルフプロデュース。無機質なコンクリートの壁にグリーンやシャンデリアをあしらった店内に韓国のヒップホップが流れ、「これぞ韓国ヒップ！」な空間に心躍ります。

東京

ロゼトッポッキ780円。普通と辛口から辛さを選べます

料理も空間もスタイリッシュ！

米を使わず錦糸卵、ニンジン、ほうれん草を巻いたふわふわキンパ(オリジナル)780円

エビのすり身を揚げたエビマカロン(3個)830円。チリソースとレンチソース付き

SLOWSLOW_ QUICK-QUICK-

スロースロー クイッククイック

モダンとレトロを融合させたオリジナルの粉食を提供。韓国のトレンドを敏感にキャッチし、定期的に新メニューも登場するので要チェック！

東京・新大久保

03-6279-3459

東京都新宿区百人町1-23-22

大久保駅南口から徒歩1分

5 ふわふわキンパはマヨーズベースの「マリソース」をかけて 6 ロゼトッポッキは餅、ベーコン、タマネギ、ブロッコリー入り。自家製のコチュジャンとクリームソースで炒めます

WISH LIST 위쉬리스트 3

肉汁あふれるジューシーな 直火焼肉を味わいたい！

名物の藁焼きでお腹いっぱい！

韓国の一部地域では魚や肉を藁で焼く文化があり、数年前からソウルでも藁焼きが人気。「わら火 by くるむ」はそんな藁焼きのサムギョプサルや骨付き牛カルビが売りで、他店とはひと味違う焼肉を楽しむことができます。まず約1000℃の熱で両面に焼き色がつくまで藁焼きをし、余計な脂を落として肉汁をギュッと閉じ込めます。さらに卓上の鉄板でじっくりと焼くことで旨みを凝縮。表面はカリカリ、中はジューシーに焼き上がった分厚いお肉は、香ばしい匂いが食欲をそそります。

また、豊富な付け合わせも「わら火 by くるむ」の人気の理由。サンチュやエゴマの葉のほか、8種類ほどの手作りパンチャン（おかず）も提供。お肉と一緒に野菜もたっぷりとれて、大満足すること間違いなし！

1 藁焼きをしている様子をガラス越しに見ることができます 2 広々とした清潔感ある店内。入口には手洗い場も 3 階段を下りて地下のお店へ 4 付け合わせもたっぷり。肉類の注文は2人前から

2

3

高温で肉汁を閉じ込める藁焼きのサムギョプサル

1

4

짚불구이《チップルグイ》

5 ボクスンドガソンマッコリ（ボトル）3278円 6 秘伝ソースにエビを漬けたカンジャンセウ1298円 7 藁で下焼きをした後は鉄板でじっくり焼きます

骨付き牛カルビ

卓上で骨から切り落とす牛カルビ。2728円

肩ロース

肉質がやわらかい豚の肩ロース。1738円

極上サムギョプサル

千葉から直送された豚肉を使用。1738円

名物の山盛り野菜

4種のタレで召し上がれ

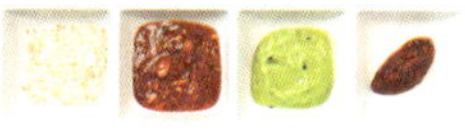

わら火 by くるむ《わらび バイ くるむ》

サムギョプサルが人気の「くるむ」の系列店として2021年5月にオープン。一品料理に付く、キムチやおかずが食べ放題の野菜ビュッフェも好評。

東京・新大久保
03-3202-0005
東京都新宿区大久保2-32-2 林ビル B1F
新大久保駅から徒歩5分

WISH LIST 위쉬리스트 4

화장품《ファジャンプム》

韓国コスメをゲットしつつ カフェな気分も満たしたい♡

2

3

1

コスメを買うだけでドリンクが無料に！

1 商品を3000円以上購入すると無料で提供されるドリンク＆クロッフル。右から、ブラウンチーズクロッフル、チョコラテ 2 トレンドのスキンケアアイテムやコスメを韓国から直輸入 3 ドリンクカップに貼るステッカーは好きな絵柄を選べます

買い物もスイーツも一カ所で楽しめる！

100種類以上の韓国コスメと、韓国から仕入れるアクセサリーをそろえる「lattencos」。商品を2000円以上購入するとドリンク1杯、3000円以上購入するとドリンク＋クロッフルが無料になるサービス付きで、ショッピングした後にはカフェタイムも満喫できちゃいます。店内外にはフォトスポットも満載で、購入したアイテムやドリンクを片手に撮影も楽しめます♪

サービスのドリンクはテイクアウトもOK！

12 11 10 9 8

8 VAVI MELLOトゥインクルグリッター各1400円 9 「愛の不時着」のタイアップで人気。魔女工場ビフィダコンプレックスアンプル3850円 10 one-day's youノーモアブラックヘッド1980円。コットンに浸して使う角質ケア 11 ブライトニングに特化したトナーパッド、one-day's youヘルプミー ハニーCパッド2200円 12 goodalドクダミ鎮静トナーパッド2933円

6

4

7

5

4 ショッパーもかわいい！ 5 クロッフルは全3種。ドリンクは商品を購入しなくても490円で注文できます 6 オリジナルのポスターやフォトスポットがあちこちに 7 入口の壁に一面にディスプレイされたピアス、ヘアピン、ネックレスなどのアクセサリー

lattencos

ラテアンドコス

韓国コスメ＆アクセサリーショップ。大久保公園の向かいにはアクセサリーをメインで扱う2号店「lattendaily」も。クロッフルの提供があるのは1号店のこちらだけ！

東京・新大久保

03-6878-1359

東京都新宿区百人町1-15-24-1F

新大久保駅から徒歩1分

14 13 15

13 ピアス4種セット980円 14 揺れるビーズがかわいい韓国産のデザインピアス1190円 15 ハンドメイドピアス3種セット1290円

WISH LIST 위쉬리스트 5

떡볶이《トッポッキ》

激辛トッポッキでモッパンごっこがしたい！

辛さがたまらない本場のトッポッキ

韓国のモッパン（食べている動画）YouTuberもよく食べている「シンジョントッポッキ」。激辛ですが、クセになるおいしさで韓国人なら誰でも知っている人気チェーン店です。ここ新大久保店でも味をアレンジせずに提供しているので、本場同様のトッポッキを食べることができます。「シンジョントッポッキ」のトッポッキは、具はトッ（餅）のみ、スープ多めのシンプルなスタイルで、辛さは3段階から選択可。ミルトッという小麦粉で作った餅を使用しているので、ツルツルとした食感で内側まで味が染み込んでいるのが特徴です。天ぷらやキンパなどサイドメニューを一緒に頼んで、ソースにつけながら食べるとおいしさ倍増！　カウンター席もあるので、一人でも入りやすいのがうれしいところです。

2人天ぷらセット 800円

野菜かきあげや春雨海苔巻きなど4種盛り

ロゼトッポッキ 800円

生クリームが入っていてクリーミー

チーズトッポッキまろやか味 800円

みんな大好きチーズが上にたっぷり！

プルコギキンパ 850円

プルコギのほかに卵や野菜など具がたっぷり

クリスピーチキン（M） 1400円

骨なしサクサクチキンは2種類のソースで

シンジョンチーズキンパ 700円

キムチ×ツナ×モッツァレラチーズ入り

シンジョントッポッキ 新大久保店

しんじょんとっぽっきしんおおくぼてん

1999年に韓国本店が誕生し、今では700店舗以上！　東京には池袋店と2021年5月にオープンした新大久保店があり、本場の味を提供しています。

東京・新大久保

03-6709-6940

新宿区百人町1-7-5座ビル2F

新大久保駅から徒歩5分

1 券売機で食券を購入するシステム 2 店内のインテリアは北欧風。壁にはシンジョントッポッキのかわいいキャラクターのイラストが飾られています

いっぱい頼んでモッパン気分!?

3

5

4

6

東京

3 いろんなメニューを頼んでシェアしながら食べても楽しい。お米のドリンク、シッケ250円 4 韓国では天ぷらや揚げ餃子をトッポッキソースにつけて食べるのが定番なんだとか 5 モッツァレラチーズがたまらない♡ 6 椅子はトッポッキの赤色

2

しっかり混ぜると
よりおいしい!

1

1 カンジャンケジャンビビンパ1580円 2 韓国産サンナッチ・生イイダコ2380円。日本では珍しいイイダコの踊り食い。さばきたてをごま油と塩につけて

テーブルいっぱいの海鮮を
心ゆくまで食べ尽くす幸せ

WISH LIST 위쉬리스트 6

횟집《フェッチプ》

韓国式の海鮮料理にチャレンジしたい!

刺身も野菜で包むのが韓国スタイル

韓国料理といえば肉料理をイメージするかもしれませんが、実は海鮮料理も種類豊富。特に、フェ(刺身)は日本とはかなり異なるスタイル。新大久保で21年続く「テジョンデ」では、そんな韓国式刺身を楽しむことができます。好きな刺身をエゴマやサンチュなど包み野菜にのせ、チョジャン(辛酢味噌)、お好みで青唐辛子、ニンニクと一緒に巻いてパクッ。生魚が苦手な人でも食べやすいのが魅力です。ポン酢、サムジャン(辛味噌)で味変するのもGOOD。もちろん醤油+わさびでも美味。ケジャンやカンジャンセウなど、韓国の海鮮料理を一挙に味わえるコースがおすすめです。

Aコース1人前2980円(注文は2人前〜)。刺身盛り合わせのほか、ケジャン(ワタリガニのタレ漬け)やチーズタッカルビなど全11品で大満足!

韓国海鮮専門店 テジョンデ

かんこくかいせんせんもんてん てじょんで

店内にある水槽から新鮮な海産物を提供。海鮮料理とチヂミなどの人気定番メニューを楽しめる各種宴会コースが人気。2021年11月に全席個室の新店もオープン予定。

東京・新大久保

03-3207-8881

東京都新宿区百人町1-6-15 NKビル2F

新大久保駅から徒歩1分

WISH LIST 위쉬리스트 7

카페《カペ》

ソウルにあるような カフェに行きたい！

3

1

4

2

1 レモングレープフルーツエイド680円 2 注文はスタッフさんが席まで聞きにきてくれます 3 週末はオープン直後に満席になることも 4 BGMはあえてK-POPを流さずに現地で人気のチルなK-INDIEをセレクトし、“現地感”を徹底しているそう

"映え"とはひと味違う韓国カフェを再現

一口に"韓国カフェ"といっても、ポップでかわいいお店から、インダストリアルでカッコいいスポットまで種類はさまざまですが、ここ「カフェ、ヌル」は"アットホーム"をキーワードにシンプルで上質な空間を追求した一軒。新大久保のカフェで長年働いてきたオーナーのレウクさんと妻のリナさんが「おしゃれなカフェが集まるソウルの上水《サンス》や北村《プクチョン》エリアにあるような、"今の韓国"を感じられるお店を作りたい」と、2021年6月にオープンしました。ホワイト&ナチュラルで統一されたミニマルなインテリアに、ビジュアルにもこだわりながら丁寧に準備されたおいしいドリンク…。やわらかな光が差し込む店内はとても居心地がよく、ここでお茶をしていると、にぎやかな新大久保のど真ん中にいることをつい忘れてしまいます。

6

5

5「韓国にいる気分を味わってほしい」と店名をハングルで表記 6 ケーキは各種750円 7 モヒートミントラテ650円 8 人気のヌルラテ650円はキャラメルクランチクリームとロータスクッキーをのせたバニララテ

8 7

카페, 늘

カフェ ヌル

韓国人のレウクさんと日本人のリナさんが夫婦で営むカフェ。「ヌル」は韓国語で「いつも」という意味で「いつもココにいる、いつもそばにいる」という思いを込めたそう。

東京・新大久保

なし
東京都新宿区百人町1-3-25
新大久保駅から徒歩5分

東京

WISH LIST 위쉬리스트 8

포차《ポチャ》

メニューはオール韓国語！
本場なポチャ（屋台）で乾杯したい♪

おつまみもシステムも〝韓国仕様〟が楽しい！

「ポチャ」は韓国語の「ポジャンマチャ」を略した言葉で「屋台」という意味。実際に野外に並ぶ屋台だけでなく、屋台料理やお酒を提供する屋内の酒場（室内ポジャンマチャ）も「ポチャ」に含まれ、定番の飲みスポットの一つです。韓国では「居酒屋」が日本式の酒場を意味するのに対し、「ポチャ」は主に韓国式のおつまみを提供するのが特徴。「レトロポチャ」では、あえて日本にローカライズせず、本場でおなじみの料理を提供しています。メニューは壁一面にずらりと並ぶハングル表記のみ。ハングルが読めない人用に日本語で書かれた「外国人メニュー」が用意されているなど、お店のシステムも〝韓国仕様〟です。

下から時計回りに、オギョプサルティギム（皮付きサムギョプサル揚げ）1500円、ペクドゥサンホンハプタン（山盛りムール貝スープ）1500円、クンムルタッパル（モミジスープ）1000円。酒類は果物ソジュ（モモ）800円、マッコリやかん1200円

ノスタルジックなポチャで乾杯！

1 日本語で書かれた「外国人メニュー」。下段には「1つください：ハナジュセヨ」など、プチ韓国語講座付き 2 3 レトロなポスターや看板、小物が飾られています 4 パルガンオデン（辛いおでんスープ）1500円 5 注文したドリンクとともに提供されるお通しセット

レトロポチャ

れとろぽちゃ

店名通り"レトロ"をコンセプトにノスタルジックな空間を演出。タッパル（モミジ）やオドルピョ（軟骨）など、定番のポチャメニューを幅広くそろえます。

東京・新大久保

03-6885-9989
東京都新宿区大久保1-16-5
新大久保駅から徒歩5分

4

カニの旨みが染みる〜！

5

おぼんや器もレトロ♡

渡韓気分に浸れます♪

プルプルやわらか
絶品の豚足&ゆで豚

豚足+豚ポッサム
4048円（2～3人前）

人気メニューを一緒に
食べられるセット

東京

WISH LIST 위시리스트 9

단골집《タンゴルチプ》

ツウが通う人気店のご指名メニューが知りたい！

焼肉以外も！奥深い韓国肉料理

メニューが豊富な「チャカン食堂」ですが、なかでも人気なのは自家製チョッパル（豚足）とポッサム（ゆで豚）。チョッパルは八角など複数の香辛料と共に長時間煮込み、完成までに半日はかかるそう。せいろ蒸しスタイルなので、最後までホカホカの状態で楽しめるのもうれしい！

これもマスト

手でほぐす揚げ鶏、丸揚げトンダク1848円

自家製塩ラー油にディップ

野菜でまきまき

釜山の焼酎デソンもあるよ

豚足やポッサムは葉野菜や漬物と一緒に食べます

チャカン食堂

ちゃかんシクタン

職安通りから一本入ったところにある隠れ家的なお店。最大80人まで座れる広々とした店内には、ドラム缶テーブルがずらりと並びます。

東京・新大久保
03-3200-8683
東京都新宿区百人町1-2-3 1F
新大久保駅から徒歩7分

WISH LIST 위쉬리스트 10

기차여행《キチャヨヘン》

電車がテーマの食べ放題店で 鉄道旅気分に浸りたい！

新大久保駅からすぐの場所に、釜山を走る赤い列車が登場!?
新大久保駅からすぐの場所に、釜山を走る赤い列車が登場!?
吊り広告まで再現した車内で韓国料理を満喫しよう！

1 見上げると吊り革も！ 2 駅名表示にテンションアップ 3 窓からは本物の電車が走る様子も見られます 4 釜山地下鉄1号線の路線図を再現 5 綿あめがのったメイン料理の一つ、チュクミサムギョプサル（イイダコと豚肉の甘辛炒め） 6 加熱すると綿あめが溶けてほどよい甘さに

まもなく釜山駅

まもなくぷさんえき

韓国料理＋ソフトドリンク食べ飲み放題が基本メニューで、ランチ（90分）2178円、ディナー（90分）2728円。鍋・鉄板のメイン料理を１品選べます。

東京・新大久保
03-6380-3676
東京都新宿区百人町2-3-20英泰ビル3F
新大久保駅から徒歩2分
※最低入店人数2名～。
※4名までの利用はメイン料理1品、5名以上での利用はメイン料理2品注文可能。
※ラストオーダーは終了時間の30分前。

卵の親子がキュート♡

WISH LIST 위쉬리스트 11

쭈꾸미《チュクミ》

現地発の上陸店で チュクミを堪能したい♡

チュクミ（イイダコ）と薄切りのサムギョプサルを炒めたチュサムが話題！　現地そのままの味が新大久保で味わえます。

ホンスチュクミ 新宿本店

ほんすちゅくみ しんじゅくほんてん

ソウル・弘大に本店を持つ人気店が日本上陸。甘辛のソースで炒めたぷりぷりのチュクミと豚バラ肉を、エゴマの葉や大根の酢漬けで包んで食べて。

東京・新大久保

03-6278-9365
東京都新宿区百人町1-5-24
新大久保駅から徒歩6分

1 チュサム（イイダコ＋サムギョプサル）（1人前）2200円。辛さは3段階から選択可 2 締めのアルマニチャーハン（中）880円は必食！　とびこ（アル）がいっぱい（マニ）で食感がたまらない

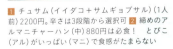

6

5

3

2

1

8

7

4

조미료&식품

調味料&食品

1 電子レンジで調理できる冷凍のモッツァレラチーズボール592円 2 エビ餃子532円 3 キムチ餃子1166円 4 冷凍トッポッキ580円 5 チャジャン麺のソースのもとになるチュンジャン241円 6 サムギョプサルと相性抜群の行者ニンニクの漬物648円 7 白菜キムチ540円 8 チヂミ粉297円

2

1

3

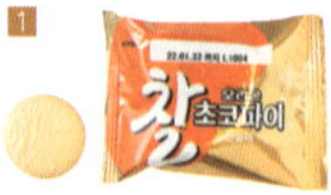

4

과자

お菓子

1 きなこ餅味のチョコパイ603円 2 バナナ牛乳のような味のスナック、バナナキック111円 3 玉ねぎ味のオリオンリング138円 4 中が空洞のポテトスナック、オ!カムジャ 181円

3

2

1

4

1 ピリッとした辛さの熱ラーメン118円 2 牛骨スープ味のサリコムタン麺127円 3 辛ラーメンの汁なし版、辛ポックム麺158円 4 ビビン麺125円

라면

インスタントラーメン

WISH LIST 위쉬리스트 12

한국마트《ハングンマートゥ》 YESMARTで 韓国食材を買い占めたい!

新大久保ツアーのラストは韓国スーパーでお買い物!
韓国の味を持ち帰って、おうちでも韓国気分を楽しんで。

※商品価格はイベント・特売などにより変動します。

＼ まだある！新大久保のスーパー ／

韓国広場《かんこくひろば》

1993年のオープン以来、韓国の食文化を伝えてきた老舗スーパー。150坪の店内に、キムチや加工食品、お菓子など2000種以上の商品が並びます。

東京・新大久保
03-3232-9330
東京都新宿区歌舞伎町2-31-11
東新宿駅A1出口から徒歩4分

ソウル市場《そうるいちば》

大久保通りに位置し、いつもにぎわっている人気のスーパー。参鶏湯、タッカルビ、冷麺ほか自社製品も多数。店頭ではハットグなどの軽食の販売も。

東京・新大久保
03-3208-0979
東京都新宿区大久保1-16-15
豊生堂ビル1F
新大久保駅から徒歩3分

소스

ソース

1 オニオンスライスにかけてサムギョプサルと食べればお店の味に。ヤンパジョリム351円 2 カルボナーラの風味をプラスした激辛ソース、カルボプルダックソース470円 3 ヤンニョムチキンソース393円 4 ハニーマスタード311円

술&음료

お酒＆ジュース

1 南山、景福宮とソウルの名所の名前が付けられたクラフトビール各498円 2 済州ウィットエールビール398円 3 爽やかな風味の1000億プリバイオマッコリ440円 4 すっきりめの焼酎、眞露is back328円 5 マスカット味の焼酎、イプセジュマスカット284円 6 桃ジュース89円 7 梨ジュース89円

YESMART《イエスマート》

定番から韓国で話題の新商品まで品揃え豊富な韓国スーパー。通路が広めで商品を選びやすいのがうれしい。札幌、福岡、沖縄などにも店舗あり。

東京・新大久保
03-6278-9010
東京都新宿区大久保1-1-11
東新宿駅A1出口から徒歩3分

COLUMN 1

＼ まだまだある！ ／

新大久保 TOPICS

신오쿠보

コスメショップからカフェ、グルメまで新大久保といえばハズせない人気店をチェック！

Topic 1

コスメは午前中がお買い得！

オーナーが実際に試した厳選コスメだけを扱う「IROHANI」では、毎日10～12時にモーニングセールを実施。行くしかない！

IROHANI
イロハニ
東京・新大久保
070-5368-2481
東京都新宿区百人町1-9-12
新大久保駅から徒歩5分

Topic 2

上陸系トッポッキよりどりみどり♪

激辛で大人気の「ヨプトッポッキ」はトッポッキ（1～2人前）2050円で、ケランチムなどのサイドメニューも豊富。「青年茶房」は牛カルビトッポキ（M）2838円など具だくさんのトッポッキ鍋を提供。

ヨプトッポッキ 新大久保2号店
よぷとっぽっき しんおおくぼにごうてん
東京・新大久保
03-6228-0070
東京都新宿区百人町1-3-14
NAVI新宿1F-B
新大久保駅から徒歩3分

刺激的な辛さがやみつきになる！

同じ新大久保に1号店、大阪に3号店もあります

青年茶房
チョンニョンダバン
東京・新大久保
03-6380-2096
東京都新宿区百人町2-2-1 REMAX3F
新大久保駅から徒歩3分

Topic 3

スイーツタイムはふわふわ系ピンスを♡

まるでケーキみたいな形の糸かき氷が味わえるカフェ。糸かき氷ミルクティー1320円など。

Seoul Cafe
ソウルカフェ
東京・新大久保
03-6205-9772
東京都新宿区大久保1-16-30 巨山2ビル2F
新大久保駅から徒歩5分

Topic 4

おしゃれにセウジャンを食べる！

カフェみたいな店内で韓国の流行フードが楽しめる。エビの醤油漬け、カンジャンセウ1738円など。ランチタイムはとびこご飯などが付いた定食でも提供。

ビョルジャン
びょるじゃん
東京・新大久保
03-6302-1018
東京都新宿区大久保2-32-3 2F
新大久保駅から徒歩3分

TOKYO

CAFE

카페

カフェ

미드 센츄리 모던

モダン＆ミッドセンチュリー

どこを切り取っても映える
사진 맛집（写真映えの店）

1

居心地バツグンの広々した店内

八王子駅から徒歩3分の場所に位置する「THE LOUNGE」。モダンインテリア好きのオーナー選りすぐりのインテリアアイテムが迎えてくれます。

長居したくなる空間の秘密は、ところどころヴィンテージの家具が用いられていること。味のある家具たちが適度な落ち着きを演出しています。昼はカフェとして利用でき、夜はアルコール類も提供するバーラウンジに変身。グループでも楽しめる広々とした座席もうれしいポイントです。

看板メニューは見た目もかわいいフレンチトースト。ボリューム満点で、しっかりお腹を満たせるのもこだわりだそう。甘いものだけでなく、食事として楽しめるベーコンと卵のSunny Loverや、キムチがのったKorean Egg Benedictなどの変わり種もあります。

VANILLA bingsu 700円(Mサイズ)。上にはロータスビスケットが

1 Knollのワシリーチェアなど、インテリア好きにはたまらないヴィンテージ家具たち。奥の黒いソファは6人まで利用できます 2 クリームチーズがたっぷりのったHeavenly Cheese950円。胡椒と岩塩がアクセント。コーヒーとミルクの層が美しいオレグラッセ600円と。10～13時はフレンチトーストにヨーグルト、ドリンクがつくお得なランチセット1300円もあり 3 韓国インテリアのトレンド、クリアテーブルとクリアな椅子の人気席

3

2

THE LOUNGE

ザ ラウンジ

分倍河原のカフェthe Angie Ave.（P.56）をプロデュースした@hanna_tanakaさんによる2店目。開店直後と夕方の時間帯が狙い目。季節ごとにイベントも。

東京・八王子

042-649-8038

東京都八王子市東町6-1

八王子駅から徒歩3分

＼入口ベンチで
記念撮影マスト！／

주택 개조 카페

一軒家カフェ

2号店限定の
クロッフル

1 大きな窓から光が差し込む店内 2 岩が飾られた外観 3 ブッラータチーズがのったシーズンフルーツクロッフル1350円 4 グレープフルーツエイド750円(右)、ベリーベリーソーダ680円(左) 5 店内にブランコが!

姉妹店も

＼ 너무 예뻐《ノムイェッポ》♡ ／

いちごミルクのセンタルギウユ850円、トゥンカロン1つ400～450円。カフェスペースもあり

待望の2号店は一軒家丸ごとカフェ

トゥンカロンが人気のカフェ「MUUN Seoul」の2号店が2021年5月にオープン。1号店から歩いてすぐの古民家を改装した店内は、韓国から取り寄せたアイテムで彩られたナチュラルな世界観が広がります。特にフェイクグリーンのオレンジの木とブランコが設置された一角や入口の大きな鏡は絶好のフォトスポット。

インテリアと同様に写真映えするのが、カラフルなエイドの数々。フルーツのシロップ漬けを炭酸水で割ったエイドは果肉もたっぷり入り、ほどよい甘さで爽やかなおいしさです。ほかにも韓国のカフェでは定番のアインシュペナー（エスプレッソと生クリームを組み合わせたドリンク）や流行のクロッフルなど、韓国を感じられるメニューがいっぱいです。

MUUN Seoul 1号店

ムーンソウル いちごうてん

オーナーの文（ムン）さんが考案したトゥンカロンが話題となり、1日300個以上を売り上げ。常時8～9種類をそろえ、ラインナップは月1回チェンジ。

東京・原宿

03-6812-9499

東京都渋谷区神宮前3-27-15 FLAG1-E

原宿駅竹下口から徒歩9分

MUUN Seoul 2号店

ムーンソウル にごうてん

1・2階、屋上テラスからなる一軒家カフェ。小石が敷き詰められた店内は、まさに韓国のカフェのような雰囲気です。エコバッグなどのオリジナルグッズも販売。

東京・原宿

03-6812-9655

東京都渋谷区神宮前3-29-7 T's6ビル

原宿駅竹下口から徒歩10分

피크닉

ピクニック

自然の中で
ゆったりとした週末を

おしゃピクを手ぶらで楽しもう

「the BAKE HOUSE」は韓国で人気のおしゃれピクニックを体験できる土・日曜・祝日限定のカフェ。目の前には自然たっぷりの公園があり、レンタルしたピクニックセットで非日常的な時間を過ごすことができます。

グリーンとホワイトの外観のカフェは、北欧スウェーデンのヨーテボリにある緑に囲まれた小さな家がモチーフで、店内も素敵。ピクニックセットを利用する際は、公式ホームページより事前予約が必要です。プランは4種類ありますが、いずれもバスケットやピクニックシートなどが含まれているので何も用意しなくてOK。一つ一つがおしゃれなアイテムは、韓国をはじめ、海外から取り寄せたものが多いそう。あまりのかわいさにシャッターを押す手が止まらないはず!

東京

1 ポット入りのドリンクが付いたピクニックセットプランD3000円（2名1組分）にオプションの洋書100円と花800円を追加。セットプランを利用するには1人1フードの注文が必須 2 白と木製の家具でそろえたかわいい店内は、事前予約と当日席で利用可能。カフェラテ650円、スコーン各450円 3 入口も人気のフォトスポット

レモンケーキ 450円
もおすすめ！

the BAKE HOUSE

ザ ベイク ハウス

小旅行に来たような気分で過ごせるカフェ。インスタグラマーのreimiさん（@___reimm.74）とKANAEさん（@kanasanpo_1106）がプロデュース。ペットも利用可能。

東京・永福町

なし
東京都杉並区成田東1-1-19
永福町南口から徒歩15分

아늑 & 러블리

アットホーム&ラブリー

フォトジェニックなスイーツが大人気！

韓国から取り寄せた雑貨や洋書で韓国カフェを再現している「nui box」。どの席に座っても写真映えするインテリアにこだわっています。人気の秘密はドリンクやスイーツにも。クリームがたっぷりのったカップケーキや、フルーツシロップの色合いがかわいい種類豊富なエイドなど、ついつい写真を撮りたくなるものばかりです。ほかにも、個室でホームカフェ気分が楽しめるホームカフェプランや宿泊できるホテルプラン、ピクニックセットのレンタルプランなども用意。自分にぴったりのプランを楽しんで。

クリームたっぷりのかわいいケーキ

1

2

1 ストロベリーカップケーキ600円（右）、ロータスカップケーキ550円（左） 2 韓国から取り寄せたかわいい雑貨や洋書たち

3 ビスケットにクリームとフルーツをサンドしたロータスサンド各600円 4 5 6 韓国雑貨や洋書などでレイアウトされた店内は、隅から隅までフォトスポット！

3

6

4

5

nui box

ヌイ ボックス

インスタグラマーがプロデュース。「家族」や「親しい仲間」という意味を込めて名付けられた店名の通り、アットホームでリラックスできる空間が魅力。

東京・新宿御苑

03-5925-8692

東京都新宿区新宿1-12-8

新宿御苑駅出口2から徒歩1分

レンタルピクニックも

バスケットやテーブルなどを貸し出してくれるレンタルピクニックは事前予約制。1グループ120分3200円からで、フードまたはドリンクの注文が1人1つ以上必須

블링블링 공주님 느낌

プリンセス気分♡

2

3

1

まるでお城みたいな雰囲気が素敵♡

高級感あふれる店内で優雅なひと時を

韓国のジュエリーブランドが手掛ける「Salon de Louis Jewelry Café」の2号店として、カフェ激戦区の南青山に誕生。2020年6月のオープン以来、華やかなインテリアとスイーツで話題を集めています。

お店に入ると、まずはコーヒーマシンまでピンクで統一されたキュートな空間がお出迎え。特別感のあるボックスタイプのソファ席が2つ並びます。花柄の壁紙と絨毯がエレガントな階段を上って2階へ行くと、ミントブルーの世界が広がりガラッと印象がチェンジ。天井にはシャンデリアがキラキラと輝き、どの席に座ってもまるでお姫様になったような気分に！　2号店のみのアフタヌーンティーセット1人4400円は予約制で、ゆったりとした時間を過ごすのにぴったりです。

4

5

Salon de Louis 2号店

サロン ド ルイ にごうてん

韓国のジュエリーブランドが手掛ける、非日常感が味わえるカフェ。韓国の流行を取り入れた華やかなスイーツやドリンクも豊富。

東京・表参道
03-6812-9161
東京都港区南青山3-15-15
表参道駅A4出口から徒歩3分

1 2階はミントブルーでまとめられていて大人っぽい雰囲気 2 飾られている小物もおしゃれ 3 人気のベリークロワッフル1540円 4 カウンターもピンクとゴールドで統一。フォトジェニックな店内では写真を撮る手が止まらない！ 5 かわいい食器にも注目してみて

한방차

韓方茶

見た目もキレイ♡
菊の花が香る香通茶《ヒャントンチャ》

おいしく健康に！ オリジナル韓方茶

健康や美容のために韓国で日常的に取り入れられている韓方。苦いイメージがありますが、ソウルに本店がある「Tea Therapy 東京店 絵舞遊」では、ナツメ、クコ、シナモンなどを用いて、誰でも気軽に試せるよう飲みやすくブレンドした韓方茶を用意しています。ナマネチャ（自分だけのお茶）と名付けられたメニューは、「体に合ったドリンク」がコンセプト。カウンセリングを通して自分のライフスタイルや体質に合ったブレンドティーを作ってもらうことができます。ほんの少し生活に取り入れるだけでも体の変化を感じるはず。公式サイトから体質をチェックすることもできるので、ぜひ一度試してみて。

1 雑貨も取り扱っています 2 韓国の本店同様に足湯スペースもあります。お茶とフレーク付き2000円（予約制） 3 丁寧にカウンセリングしてくれるナマネチャ 3500円（カウンセリング、お茶10回分） 4 お店は閑静な住宅街にあります

2

1

4

3

Tea Therapy 東京店 絵舞遊

ティーセラピー とうきょうてん えまいゆう

ソウルの本店を立ち上げた韓方医イ・サンジュ先生のもとで勉強したオーナーが、東京唯一の正規店を町田にオープン。オリジナルの韓方茶やスナックはオンラインショップでも購入できます。

東京・町田

042-796-9155
東京都町田市小川2-3-5
成瀬駅から徒歩15分

韓方茶＆スナックをおうちでも

韓方茶ティーバッグタイプ（10回分）1700円。おいしい淹れ方は公式ホームページをチェック

熟睡や補血作用に効果的とされるナツメフレーク2700円。ハトムギとクコの実もあります

フレーク3種セット1944円（左から黒豆、ハトムギ、ナツメ）

달고나 밀크티

タルゴナミルクティー

黄金色のタルゴナがたっぷり

1

3

2

1 タルゴナアッサムミルクティー 648円(ホット/アイス) 2 ボトルミルクティーと袋入りのタルゴナセット972円 3 タルゴナがかかったスコーンも。プレーン270円と紅茶302円の2種類があります

濃いめの紅茶とタルゴナのハーモニー

韓国に本店を構えるタルゴナミルクティーのテイクアウト専門店「Cha Aoyama」。専用のエスプレッソマシンで抽出した、味が濃く香りも豊かな紅茶を使ったミルクティーの上に韓国のカルメ焼き「タルゴナ」をたっぷりのせてタルゴナミルクティーに。時間が経つとタルゴナが溶け出し、キャラメルミルクティーのような味わいに変化します。

4 自宅で作れるタルゴナセットはボトルもシンプルでおしゃれ。差し入れにも喜ばれそうです 5 透明の看板に「ch」の音を意味するハングルと英字の「a」を組み合わせたお店のロゴが 6 7 インテリアもスタイリッシュ

cha aoyama

チャ アオヤマ

ロゴが特徴的な韓国発のタルゴナミルクティー専門店。ドリンクをテイクアウトするのはもちろん、タルゴナセットとスコーンでおうちカフェもおすすめ。

東京・青山

03-3407-1083
東京都渋谷区渋谷2-1-11
表参道駅B1出口、
渋谷駅B5出口から徒歩10分

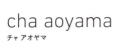

뚱카롱

トゥンカロン

“太っちょマカロン”という意味のトゥンカロン。食べても、撮っても、贈っても笑顔になること間違いなし。おいしくてかわいい話題の韓国スイーツをぜひ！

A-1

A-2

A-3

Ⓐ MACAPRESSO 新大久保 本店

マカプレッソ しんおおくぼ ほんてん

10種類以上＋季節限定のフレーバーマカロンとドリンクが味わえるトゥンカロン専門店。友達とシェアしても楽しい。

東京・新大久保

03-6380-3875

東京都新宿区百人町2-3-21 2F

新大久保駅から徒歩2分

A-4

1 貝殻モチーフがかわいいジョゲロン820円 2 手みやげにぴったりのギフトボックス4350円 3 オレオマカチーノ840円はインパクト大！ 4 開放的な店内。窓側の席からは新大久保の町並みが楽しめます

C-1

1 タイル張りのポップな店内 2 トゥンカロンを買ったらフォトスペースで写真撮影♡ 3 ストロベリージャム入りクッキーモンスター470円など、ユニークなトゥンカロンが11～12種類並びます。ドリンクメニューも豊富

B-1

1 白を基調とした明るい店内 2 「DOTORI」とは韓国語で「どんぐり」のこと。どんぐりのような丸いシルエットがかわいいトゥンカロンは店内で一つ一つ手作り。通常6種類を用意し、毎週デザインが変わるそう

C-2

C-3

B-2

C COOING《クイン》

キャラクターものなど、かわいくてインパクト抜群なトゥンカロンがそろっています。季節限定のデザインも。

東京・原宿

03-6434-9984
東京都渋谷区神宮前
4-25-35 2F
明治神宮前駅出口5から徒歩5分

B DOTORI MACARON 代官山

ドトリマカロン だいかんやまてん

日本人パティシエと韓国人デザイナーのコンビが作る愛らしいマカロンが並びます。クロッフルや本格コーヒーもあり。

東京・代官山

03-6809-0996
東京都渋谷区代官山町18-6
ACN代官山ビル1F
代官山駅北口から徒歩2分

패션 매장 x 카페

ファッションブランドプロデュース

ファッションブランドのショップに併設されたカフェに注目。韓国好きには
おなじみのNERDYのカフェは、アメリカンレトロなインテリアが楽しい！

NERDY CAFE

ノルディ カフェ

アイドルも愛用する韓国発のファッションブランド「NERDY」(P.91)の1階に併設されたカフェ。ポップなボトルドリンクが人気で、ブラウニーやケーキなども食べられます。

東京・原宿
03-6384-5892
東京都渋谷区神宮前3-20- 6
原宿駅竹下出口から徒歩7分

1 ボトルドリンクはミルクティー660円、いちごラテ660円など4種類があります 2 店の前も人気のフォトスポット 3 世界観が作り込まれた店内は、いるだけでテンションが上がります

1

3

2

봉봉

ボンボン

＼リピーター続出！
不動の人気商品／

Greengrape bonbon
1760円

皮ごと食べられちゃう種ナシの青ぶどう。なんと一つに約40粒のぶどうを使用しています

＼ボリューム満点！
大人気マンゴー／

Mango bonbon
1980円

果物の女王マンゴー。今にもこぼれ落ちそうな大きなマンゴーがたっぷり入っています

＼チョコ好きさんには
たまらない♡／

Brownie bonbon
1540円

ブラウニーとホイップの相性が抜群。下はチョコレートドリンクで最後までチョコ尽くし

＼絶対王者!?
季節限定のボンボン／

Strawberry bonbon
1980円

真っ赤ないちごが下の層までぎっしり！ 販売時期はInstagramをチェックして

＼同時に2つの味が
楽しめちゃう♡／

Double bonbon
1980円

青ぶどうとマンゴー、どっちも食べたい時はこれ！ 一度に2種類味わえる贅沢なボンボン

Cafe de paris

新宿ルミネエスト店
カフェド パリ しんじゅくるみねえすとてん

旬のフルーツをふんだんに使った高さ20cm超のオリジナルパフェが名物。日本では東京、大阪、名古屋にテイクアウト専門店を含む5店舗を展開しています。

東京・新宿
03-6380-5524
東京都新宿区新宿3-38-1 ルミネエスト新宿8F THE PARK内
新宿駅中央東改札または東改札直結

フルーツたっぷり！ ごほうびスイーツ

日本人観光客にも人気の韓国のスイーツカフェ「Cafe de paris」が日本上陸。スムージーの上にホイップと新鮮なフルーツをたっぷり盛り付けた名物のオリジナルパフェ「ボンボン」は写真映えもはっちりです。

見た目はボリューム満点ですが、意外にもさっぱりとした味わいでペロリと完食してしまいます。季節により提供するフルーツの種類が変わるので、Instagramをチェック！

COLUMN 2

センイルケーキ をオーダー！

생일케이크

おしゃれなレタリングが特徴の韓国風バースデーケーキで友人や推しの誕生日をお祝い♡

Birthday Cake

ぷっくり文字がかわいい！

1

2

1 チョコのテリーヌがのったバースデープレートは、文字やクリームの色を選ぶことができます。birthday plate 1000円（要予約）2 写真映えするスタイリッシュな空間

the Angie Ave.

アンジーアベニュー

韓国っぽなバースデープレートを提供するカフェ。birthday以外の文字やハングルもOKなので推し活にも！

東京・分倍河原
042-310-9663
東京都府中市片町2-18-3 1F
分倍河原駅から徒歩2分

世界で一つだけのケーキ♡

1

2

3

ドルチェマリリッサ

どるちぇまりりっさ

シンプルなデザインから華やかなものまで自分好みにケーキをオーダーできるお店。カフェとしても利用できます。

東京・表参道
03-3400-1245
東京都渋谷区神宮前5-2-23
表参道A1出口から徒歩3分

4

1 2 3 ゼロから作るフルオーダーと既存のデザインから選ぶセミオーダーがあり、価格はデザインによって異なります。目安はフルオーダー 6000円〜、セミオーダー 4104円〜。注文は公式サイトから 4 流行のハーフケーキも！

TOKYO

GOURMET

맛집

グルメ

드라마

ドラマで見たアレが食べたい！

日本で楽しむ韓国ドラマ飯

짬뽕

海鮮×ピリ辛のスープが特徴

チャンポン

짜장면

チャジャン麺

「愛の不時着」

ジョンヒョクとセリがセリの家でデリバリーをしたり、北朝鮮の軍人たちとサッカーを見ながら“チメク”で乾杯していたあの味を日本でも！「トッケビ」など数々の名作にタイアップで登場します。

bb.q オリーブチキンカフェ 笹塚店

→P.062

치킨

ドラマに出てくるあのブランド！

フライドチキン

「サイコだけど大丈夫」「ヴィンチェンツォ」

チャンポンは「サイコだけど大丈夫」のガンテ＆サンテ兄弟が幼い頃に母と食べた思い出の味で、「ヴィンチェンツォ」には激辛の「プルチャンポン」が登場。チャジャン麺とともに韓国式中華の代表格で、ドラマに頻出の料理です。

香港飯店 0410 職安通り店

→P.014

순두부찌개

豆腐と海鮮のピリ辛スープ

スンドゥブチゲ

「梨泰院クラス」

主人公セロイと亡き父をつなぐ大切な料理。「ドラマの影響でネオンサインを掲げる店やポチャ（屋台）文化が日本でもトレンドに」（八田さん）。「豚山食堂」の「旨辛ホルモン純豆腐」はホルモンたっぷりでボリューム満点です。

韓国式豚焼肉 豚山食堂

→P.064

韓国料理の専門家に聞く ドラマ飯の楽しみ方

サクッとジューシーなフライドチキンに熱々のチゲ、肉厚なサムギョプサル…。韓国ドラマを見ていると、おいしそうな料理の数々に魅了される人も多いのでは？　韓国ドラマにおいて〝食〟は、登場人物の感情や生活環境など、さまざまな描写に欠かせないアイテム。コリアン・フード・コラムニストの八田靖史さんは「韓国には『パン　モゴッソヨ（ごはん食べましたか）』という挨拶があるように〝食〟は大事なコミュニケーション。一つの食卓を囲むという行為が人間関係を表すのにも力を発揮しています」と分析します。「季節、地域、時代を語る上でも食卓に並ぶ料理が説得力を持たせることも。『賢い医師生活』では春にズワイガニ、夏にコングクス（豆乳麺）、秋にコノシロ、冬は餃子入り餅スープと、一年が過ぎていく様子を食だけで表現したシーンがあり見事でした」。

東京

토스트
サクふわ食感に
ウジュも夢中♡
トースト
Egg On

Egg On
→P.072

김밥
キンパ
手早く食べれる
軽食の定番!

マニョキンパ
市ヶ谷店
→P.070

「賢い医師生活」

肝胆膵外科医イクジュンが息子ウジュと食べるトースト、医師たちがほおばるキンパやラーメン、サムギョプサル…と、毎回さまざまな料理が登場。イクジュン、ミナ、ギョウルの「愛するトッポッキ会」が食べているトッポッキは日本にも店舗がある「ヨプトッポッキ」のものです。

떡볶이
先生たちも
食べた味!
トッポッキ

ヨプトッポッキ
新大久保2号店
→P.036

간장게장
ワタリガニの
醤油漬け
カンジャンケジャン

「椿の花咲く頃」

物語の舞台オンサンは架空の町。韓国の西海岸という設定で主人公ヨンシクの母は町の名物カンジャンケジャンの店を営んでいます。一方、ロケ地の九龍浦は東海岸に位置しズワイガニが名産。

一味カンジャンケジャン 人形町
→P.074

＼ 教えてくれたのはこの人! ／

コリアン・フード・コラムニスト
八田靖史さん

慶尚北道、および慶尚北道栄州(ヨンジュ)市広報大使。ハングル能力検定協会理事。1999年より韓国に留学し、韓国料理の魅力にどっぷりとハマる。韓国料理の魅力を伝えるべく、2001年より雑誌、新聞、WEBで執筆活動を開始。最近はトークイベントや講演のほか、韓国グルメツアーのプロデュースも行っている。著書に『あの名シーンを食べる! 韓国ドラマ食堂』(イースト・プレス)ほか多数。

“PPL”と呼ばれるタイアップで劇中に外食企業の商品が登場することもあり、「愛の不時着」のフライドチキンは日本でも話題に。「韓国では日本の土用の丑に似た伏日《ボンナル》に参鶏湯を食べますが、最近は『愛の不時着』の劇中のようにチキンを食べることも。夏のチキンとビールは最高の相性なので日本でも定着しそうな予感です。近頃はスーパーやコンビニで韓国の商品が買えたり、デリバリーも充実しているので、チヤンと一緒にトッポッキを用意したり、家でもより韓国的な味わい方を楽しんでみてください」。

今、八田さんが注目するのはキンパとアメリカで大人気の冷凍マンドゥ(餃子)。「東南アジアで先に火がついた韓国のマヌルパン(ガーリックパン)が最近になって日本で流行る現象も。ネクストトレンドは韓国だけでなく世界的な動きに注目すると面白い発見がありそうです」。

치킨

上陸店が大集合

テイクアウトでチキンパーティー!

特製ソース

Chicken PLUS Ⓒ

ガーリックスタミナチキン(ハーフ)&ヤンニョムチキン(ハーフ)
各1706円

ガーリックスタミナチキンはニンニクの効いた甘めのソースがやみつきに。人気のヤンニョムチキンはほどよい辛さでビールにもぴったり

箸休めには大根ピクルス

エキストラバージンオリーブオイルとソイオイルを配合した油を使用。チーズパウダーがかかったチーズリングチキンフィンガーとヤンニョムチキン、ポテト、大根ピクルスのセット

究極のオイル

bb.q オリーブチキンカフェ Ⓐ

bb.qツインスターボックス
1990円

韓ドラでもおなじみ みんな大好きチキン

韓国で「チキン」というとフライドチキンを指し、町のいたるところに専門店がある国民的フード(なんと全世界のマクドナルドの店舗数よりも多いのだとか!)。近年は日本にも人気チェーンが上陸し、韓国の味を気軽に楽しめるようになりました。ベーシックなフライドチキンだけでなく、甘辛い味を付けたヤンニョムチキン、チーズパウダーをまぶしたチキン、ガーリックソースを絡めたチキンなどバリエーション豊かで、お店によって特徴もさまざま。いろんなチキンを食べ比べて、お気に入りを見つけてみて。

カリッと揚がったフライドチキンに白髪ネギが山盛りになったネギチキン。シャキシャキとサクサクのハーモニーが楽しめます

種類豊富

ホシギ2羽チキン D

ネギチキン(1羽)2178円

チキンには必ず付いてくる

グッネチキン B

グッネボルケーノチキン
(ハーフ骨あり)1598円
&
グッネディープチーズチキン
(ハーフ骨あり)1598円

ベイクチキン

オーブンで焼くのが特徴。グッネボルケーノチキンは激辛なので要注意！ グッネディープチーズチキンはチェダーチーズ、クリームチーズ、ブルーチーズの3種をミックスしたパウダーがたっぷり

色鮮やかな大根ピクルスも

サクサク

Kaya チキン E

カヤフライドチキン
(骨付一匹)2800円

王道のフライドチキンは、サクサクに揚がった衣がたまらない！ 絶妙な塩加減＆スパイシーさで、一つ、また一つと手が伸びます

※P.60-61の価格はテイクアウト時の税率で表記しています。

カフェのように明るい店内。ドラマ「愛の不時着」にたびたび登場することでも知られるチキンブランドです

オリーブオイルで
サクサク!

1

A bb.q オリーブチキンカフェ 笹塚店

ビービーキューおりーぶちきんかふぇ ささづかてん

韓国でTOP3に入る有名チキンチェーン。日本の店舗ではチキン1本から注文でき、バーガーなど1人でも楽しめるメニューが多いのがうれしい。

東京・笹塚

03-5302-8650

東京都渋谷区笹塚1-56-18 京王クラウン街1F

笹塚駅から徒歩1分

1 スタンダードなオリーブチキン(骨付き)は1本290円。骨なしのオリーブチキンフィンガーもあります 2 日本オリジナルの生搾りレモネード1杯290円。ウォーターとスパークリングから選べます

2

1

パリッと
ジューシー

2

1 日本で大人気のチーズを絡めて食べるUFOチキンフォンデュ 2人前3036円(注文は2人前から) 2 定番のグッネオリジナル(骨なし)2678円

B グッネチキン 新大久保店

ぐっねちきん しんおおくぼてん

オーブンで焼いて余分な脂を落としたヘルシーなチキンが売り。韓国で人気のボルケーノ、ピリ辛の唐辛子バササックなど本国と同じ味を提供。

東京・新大久保

03-6273-9496

東京都新宿区大久保2-32-1 2F

新大久保駅から徒歩3分

＼ 系列店もチェック ／

韓国料理専門店 テ〜ハンミング

かんこくりょうりせんもんてんて〜はんみんぐ

「Chicken PLUS」のすぐ隣にはパク・ヒョンジャさんによる老舗韓国料理店が。ナッコプセ3680円。

東京・新大久保

03-5292-4448

東京都新宿区大久保1-12-27 1F

11:00〜23:00(ランチ11:00〜14:30、LO22:30)

無休

東新宿駅A1出口から徒歩5分

C Chicken PLUS

チキンプラス

韓国各地に400店舗以上あるチェーンが日本初上陸。新大久保にあるこちらのお店は、韓国料理研究家のパク・ヒョンジャさんが運営しています。

東京・新大久保

080-3171-9065　東京都新宿区大久保1-12-27 1F

11:00〜23:00(LO22:30)

無休　東新宿駅A1出口から徒歩5分

1 広々とした店内 2 黄色を基調とした看板とメニュー。店先にテラス席もあります 3 一番人気のクリスピーフライドチキン1669円、醤油味のカンジャンチキン1738円(どちらもハーフサイズ)

ガヤヤンニョムチキン(骨付き)1羽2970円。フライドとのハーフ&ハーフが一番人気

E Kaya チキン

ガヤちきん

新大久保で一番のお気に入り！と名前を挙げる人も多いチキン専門店。茨城・つくば産の生鶏肉を使ったフライドチキンはとってもジューシー！

東京・新大久保

03-3200-7108

東京都新宿区大久保1-4-20 グロウハイム2F

15:00〜翌0:00

不定休

東新宿駅B1出口から徒歩2分

1 好きなチキンを2種選ぶダブルハーフハーフチキン3498円はデリバリーでも人気 2 おまけのソーダがすっぽり入ったテイクアウトボックス

D ホシギ2羽チキン 2号店

ほしぎにわちきん にごうてん

新大久保にある2号店は24時間営業。ボリュームたっぷりのチキンのほか、韓国チャンポンやチャジャン麺、トッポッキなど豊富なメニューがそろいます。

東京・新大久保

03-5292-4377

東京都新宿区大久保1-12-29 森田ビル1F

東新宿駅A1出口から徒歩4分

食べ過ぎ注意報！箸が止まらない極厚豚焼肉

삼겹살

味も空間もパーフェクト！

HIPにサムギョプサル

カラフルな店内にはソジュ（焼酎）のネオンサインも

生豚肉を低温熟成し肉厚ジューシーを実現

「韓国式豚焼肉 豚山食堂」は手頃な価格で極上の韓国式焼肉を楽しめるお店。サムギョプサルが大好きだというオーナーが韓国でリサーチを重ね、〝生〟にこだわり約10日間低温熟成させた豚肉を提供しています。「豚山食堂」のサムギョプサルは野菜で巻かないのも特徴。豚肉に薬味やキムチなどをトッピングして、サンチュサラダと一緒に食べるのがおすすめの食べ方です。

韓国式豚焼肉 豚山食堂

かんこくしきぶたやきにく テジサンしょくどう

アパレル出身のオーナーのアイデアが詰まったインテリアは必見です。全14席なので予約推奨。毎月29日は肉メニューが29%引きとなりお得です。

東京・池尻大橋

03-3414-3050

東京都世田谷区池尻3-30-4 1F

池尻大橋駅西口から徒歩7分

1 韓国のチルソンサイダーとフルーツフレーバーを割ったフローズンドリンク各650円 2 旨辛ホルモン純豆腐1200円 3 コチュジャンソース、オニオンソース、天然塩をお好みで楽しんで 4 一番人気のお肉5種盛り（400g）3980円ではモクサル（肩ロース）などの部位を楽しめます 5 6 キムチやゴマだれもやしナムルなど11種類のおかずが無料サービス 7 付け合わせのサンチュサラダ 8 豚肉は超厚切り！

すべてのおかずがおかわり自由！

돼지갈비

穴場は三河島にある!

やわらか豚カルビ

甘じょっぱい
タレが人気の秘密!

1

2

1 豚カルビ1400円(1人前。注文は2人前から) 2 お肉にサムジャンをつけサンチュとエゴマの葉の上にオン。辛ネギやごま油で加熱したニンニク、青唐辛子をお好みで加えて

やわらかくて ジューシーな豚カルビ

韓国ではサムギョプサルと同じくらいメジャーな豚カルビ。タレに漬け込んだお肉を炭火でじっくりと焼く定番の料理です。

三河島にある「辛風」は、実家が焼肉店を経営するオーナーの孫さんと韓国出身のキムさん夫妻が2018年に前オーナーから引き継いだ韓国料理店。人気メニューの豚カルビは、試行錯誤して完成させたという特製のタレに丸1日漬け込み低温熟成したもの。味がギュッと染み込んでいて、付け合わせの野菜とサンチュに包んで食べると絶品です♡

東京

ホルモンがたっぷり！

4

3

5

3 甘みのあるクルミとレンコンのサラダ700円 4 やみつきになる辛さのホルモン鍋（中）2700円 5 大ボリュームの豚カルビ（写真は2人前） 6 焼肉に付いてくる包み野菜

6

辛風

からかぜ

元祖コリアンタウン三河島に位置。地元客から遠方の人まで幅広く愛されています。お肉や鍋、一品料理などメニュー数はなんと40種類以上も！

東京・三河島

03-3891-5757
東京都荒川区荒川3-60-4
11:45～14:00、17:00～22:00
※しばらくは15:00～20:00
火曜
三河島駅から徒歩3分

釜めし800円は必食！ 黒豆と古代米入りでモチモチ

釜のご飯をよそったら、ブレンド茶を入れてヌルンジ（おこげスープ）にして食べます

どの料理も自信作！

高架下に韓国屋台が出現!

駅でサクッと妄想トリップ

포장마차

電車を降りたら
そこは韓国だった!?

韓国屋台とパンチャンショップ ベジテジや 学芸大学店

かんこくやたいとぱんちゃんしょっぷ べじてじや がくげいだいがくてん

学芸大学駅高架下の商業施設「学大市場」内に2021年7月にオープンした、人気店ベジテジやの新業態。10月には下北沢に「サムギョプサルと韓国屋台ベジテジや」もオープン。

東京・学芸大学
03-3792-7232
東京都目黒区鷹番3-3-2 学大市場内
学芸大学駅から徒歩30秒

食べる&買う
韓国の食を存分に楽しむ

細部に本場韓国の空気を感じられて胸が高鳴る、韓国屋台とデリカが併設されたこちらのお店。「韓食を日常に」がテーマで、本格的な韓国のお惣菜を買うこともでき、韓国料理をより身近に感じられます。なかでも注目は韓国屋台の定番メニュー「タッコチ」。自家製のヤンニョム辛味ダレが食欲をそそる、韓国の焼き鳥をぜひ体験してみて!

2

1

3

4

1 名物のソルロンタンは牛骨を10時間以上煮込んだ本格派。ランチはお得な定食1480円で楽しめます 2 韓国気分をアゲてくれる店内の看板 3 店外の座席は韓国そのもの！ 4 サムギョプサル定食1380円。焼き上がった状態で提供されるので一人でも手軽に食べられます

8

7

7 左からチュクミ(イイダコ)280円、鶏ハツ240円、セセリ各240円 8 左からサムギョプサル350円、ソーセージとトッポッキが連なったソトック230円

6

5

5 隣接するパンチャン(惣菜)ショップにはお店で使っている調味料もそろっています 6 カラフルなネオンは写真映え間違いなし

具材たっぷり！ 食感が楽しいキンパ

韓国では軽食として主流のキンパ（海苔巻き）。日本にも専門店が増えています！　韓国の人気チェーン店「マニョキンパ」では、独自に開発した具材やご飯を使用。東京・市ヶ谷の支店でも本場と同じ味で提供できるよう、野菜やお米以外の材料は本店から直輸入しているそう。なかでも欠かせないのが揚げカニカマで、サクサクした食感がほかの具材とよく合います。また、一般的にご飯にはごま油を混ぜますが、こちらでは3時間煮込んだタマネギとひき肉のペーストで味付けしているのも特徴です。

　テイクアウト専門の「すがもキンパ」は、オーナー考案の具材たっぷりのキンパ4種類をラインナップ。どれも飽きのこない味わいで、毎日のように通うお客さんもいるのだとか。期間限定のキンパもあるのでチェックしてみて。

1

2

3

1 じゃこやナッツが入ったジャコキンパ700円 2 女性に一番人気のツナキンパ700円 3 テイクアウトはマニョ（魔女）のイラストが書かれたかわいい包装紙で提供

上陸店

マニョキンパ 市ヶ谷店

まにょきんぱ いちがやてん

韓国に40店舗以上あるキンパ専門店が2021年3月、市ヶ谷に上陸！本店で修業経験のあるスタッフも在籍。朝10時まではハーフサイズも販売しています。ポップな外観が目印。

東京・市ヶ谷

03-6280-8989

東京都新宿区市谷左内町21-18南沢ビル1F

市ヶ谷駅6番出口から徒歩5分

できたてを召し上がれ♪

김밥

上陸店で、テイクアウトで キンパをもぐもぐ

すがもキンパ 450円

プルコギキンパ 580円

野菜キンパ 480円

焼きキンパ 500円

包装はプラ容器とエコ包装の2種類から選べます

テイクアウト

すがもキンパ

すがもきんぱ

巣鴨駅のすぐ近くにあるテイクアウト専門店。特製ダレで作ったプルコギキンパやホカホカの焼きキンパなど、どれもおいしくてリピーター続出！

東京・巣鴨

070-8557-8327
東京都豊島区巣鴨2-3-7
巣鴨駅北口から徒歩1分

期間限定キンパもあります♪

キンパのお供にキムチも。小200円、大600円

1

2

에그토스트

エッグトースト

3

ドリンクも
豊富です

4

5

6

1 人気のダブルベーコンエッグ750円 2 チーズがとろ〜りモッツァレラエッグ750円 3 ぷりぷりのエビが入ったチリシュリンプエッグ750円 4 右から、カルメ焼きラテ520円、カルメ焼きミルクティー 620円

Egg On

エッグオン

ブリオッシュを使ったエッグトースト専門店。12種類のトーストはどれもボリューム満点！　すべて注文が入ってから手作りしています。

東京・田町

03-6381-7639
東京都港区芝5-25-7 5286芝ビル 1F
田町駅西口から徒歩5分

TEgg.42

テグよんに

ソウルやその近郊に店舗を持つ韓国発のエッグトースト専門店で、食材にこだわり、種類豊富。渋谷店のほか道玄坂と町田にも支店があります。

東京・渋谷

03-6712-5342
東京都渋谷区東1-2-23
MA東ビル 1F
渋谷駅C1出口から徒歩7分

1 スタンダードなエッグハムチーズ600円 2 イートインスペースもあり 3 かわいいトーストの看板が掲げられた、ガラス張りの外観が目印です

食べ応えのあるダブル
チーズベーコン680円

サクッ&ふわふわ! WE ♥

クセになる! 韓国式エッグトースト

熱した鉄板の上にバターを引き、食パンにバターを染み込ませながら焼き上げ、玉子や野菜をサンドする韓国式トースト。近年はブリオッシュにふわふわのスクランブルエッグを挟んだエッグトーストが大人気で、日本でも専門店が続々と誕生しています。

「Egg On」は卵の色をイメージした外観が目印で、2021年8月には新大久保店もオープン。韓国発の「TEgg.42」は京都の老舗パン店・進々堂の山食パンと岩手県の養鶏場から毎日仕入れる卵を使用。いろんなソースで自分好みの味付けができるのも魅力です。

カンジャンケジャンは専門店で

韓国の老舗の味を堪能！

간장게장

"ご飯泥棒"君臨！ とろとろのワタリガニ

行列ができる 老舗の味がそのままに

「一味」はソウル東部にあるカンジャンケジャン専門店。1976年の創業以来、40年以上にもわたり地元住民にも観光客にも愛される名店です。東京・人形町の支店では、その名店の味を毎週空輸で直輸入し提供しています。身がぷりぷりとして卵がたくさん入った、水深約20メートルに分布する韓国西海岸産の天然ワタリガニを、12種類の漢方や高麗人参などを混ぜた秘伝の醤油ダレに漬け込んだのが「一味」のカンジャンケジャン。食べ始めればご飯が止まらなくなることから、韓国ではカンジャンケジャンのことを"ご飯泥棒"と呼びますが、こちらもしかり。ビニール手袋をつけて身を吸い出すように食べると、カニとご飯の無限リピートがスタート！　醤油の甘さと唐辛子のピリッとした爽快な辛さに、食欲がどんどん増していきます。

東京

1 店自慢のフルコース、カンジャンケジャンセット（スンドゥブチゲ付）6000円 2 締めにはカニ味噌がたっぷり入った甲羅にご飯を投入！　魚卵のプチプチ食感もたまらない♡

3 ランチの時間にはサクッと一人で食べに来る会社員も 4 ソウルにある本店の様子 5 ビルの2階に上がると上品な雰囲気の入口が見えます

6 カンジャンケジャンのタレで食べる蟹みそビビンバ1100円 7 自家製セウヤンニョム（エビのヤンニョム漬け）1320円。果物や漢方を煮込んだピリ辛ソースがやみつきに

一味
カンジャンケジャン
人形町

イルミかんじゃんけじゃん にんぎょうちょう

カニ味噌パスタや海鮮水晶焼きビビンバなどの海鮮料理のほか、プルコギやプデチゲといった肉料理も人気。一部メニューはテイクアウトも可能です。

東京・人形町

03-6661-9929
東京都中央区日本橋人形町1-4-10 人形町センタービル2F
人形町駅から徒歩30秒

어머니의 손맛

毎日でも食べたい!

オモニの味

温もりを感じる空間でオモニ印の多彩な料理を

古家庵

こかあん

韓国から持ってきたというアンティークのお膳や伝統品がある店内は、まるで李朝時代にタイムスリップしたかのよう。温かくほっとする空間です。

東京・赤坂見附

03-5570-2228
東京都港区赤坂3-20-8
臨水ビル B1
赤坂見附駅10番出口から
徒歩2分

真心が込められた優しい家庭料理

韓国料理店が集まる赤坂見附駅周辺に、全羅北道出身のオーナーが1997年から20年以上守り続ける家庭料理のお店があります。明るく笑顔が素敵なオーナーが営む「古家庵」は〝オモニ(母)の味〟がコンセプト。野菜たっぷりで栄養バランスのよい料理の数々は、イチからすべて手作りしたもの。定番の海鮮チヂミはニラを1束使い、外はサクサク、中はふんわり。デンジャンチゲはご飯に野菜とチゲをかけて混ぜて食べる方式で、ファンの多い一品です。落ち着く店内で、丁寧に作られたオモニの味をじっくりと味わって。

1

3

2

4

5

1 野菜たっぷり、あつあつの石焼ビビンバ1155円 2 サクサクの海鮮チヂミ（大）1980円 3 和牛ローストビーフ冷麺（並盛）1320円 4 とうもろこしチヂミ935円 5 デンジャンチゲ定食1320円

体がほかほか温まる
ピリ辛の骨付き豚肉鍋

「元祖 宗家 ガムジャタン専門店」ではカムジャタンに国産豚肉と北海道または静岡産のじゃがいもを使い、毎朝7時から仕込みをしています。注文は人数分から受け付け

감자탕

豪快さがうれしい!

ぐつぐつ カムジャタン

元祖 宋家 ガムジャタン専門店（別館）

がんそ そうけ がむじゃたんせんもんてん べっかん

新大久保に2店舗ある人気店で、別館は2016年にオープン。カムジャタン以外のメニューも豊富です。公式サイトからオンライン購入もできます。

東京・新大久保

03-3203-8830
東京都新宿区大久保1-17-3
大久保ガーデンハイム 1F
新大久保駅から徒歩7分

東京

3種類から選べる!

白ガムジャタン
1350円(1人前)

辛さが苦手な人はこちら。途中で赤に変更可

赤ガムジャタン
1400円(1人前)

元祖メニュー。赤しか食べない常連客も!

ウゴジガムジャタン
1600円(1人前)

ウゴジ、エゴマの葉と粉がたっぷり

1 鍋を食べ終えたら締めはコレ! ご飯いためセット850円 2 4 韓国の伝統的な建物・韓屋(ハノク)をイメージした店内と外観 3 毎日手作りするコッチョリ(浅漬キムチ)950円

通販で全国にもお届けします

ここでしか味わえないカムジャタン

カムジャタンとは、豚の背骨とじゃがいもを煮込んだ鍋料理。新大久保の名店「元祖 宋家 ガムジャタン専門店」では、韓国でも味わうことのできないオリジナルのカムジャタンを3種類提供しています。ファンが多いのは、唐辛子のカプサイシンたっぷりの赤ガムジャタン。辛さが苦手な人は白ガムジャタンがおすすめ。どちらも豚骨ベースで、すっきりとした味わいです。白菜の外側を乾燥させたウゴジと、エゴマの葉・粉が山盛りになったウゴジカムジャタンも大人気。締めのポックンパ(炒めご飯)も必食です。

닭한마리

恋しいあの味!

タッカンマリを新大久保で

鶏を丸ごと一羽
大鍋で煮る人気料理

1

つけダレを
作っておこう

2

1 タッカンマリ鍋セット1羽(2～3人分)4180円 2 醤油、酢、タデギ、ネギ、からしを入れて混ぜたらタレの完成。鶏肉につけて食べよう 3 締めのカルグクス1人前330円

3

ぷりぷりの鶏肉と旨みたっぷりスープ

タッカンマリとは韓国語で「鶏一羽」の意味で、鶏を丸ごと煮る鍋料理。韓国旅行でその味の虜になった人も多いのでは？　日本で本場の味を提供しているのが、新大久保の「タッカンマリ食堂」。まずは鶏肉を煮込んだスープをおちょこで味わうのがこちらのお店のスタイルで、その後にもやしを加え、ぶつ切りにした鶏肉や野菜をタレにつけていただきます。生後45日の国産生若鶏のみを使用し、スープは鶏ガラを7時間煮込んで旨みを凝縮。一口食べれば、肉のやわらかさとスープのコクに驚くはず！

箸休めにぴったりの特製キムチサラダ750円

4 コーンの甘さが際立つコーンチーズチヂミ1080円もぜひ味わってほしい一品 5 珍しいピリ辛のチャプチェ、メウンコッコチャプチェ 1080円

どの料理も
おすすめです

ビルの3階にあるよ！

タッカンマリ食堂 -DAKKANMARI DINING新大久保

たっかんまりしょくどう タッカンマリダイニングしんおおくぼ

2019年にオープン。タッカンマリのほかに本格的な一品料理もそろうので、一緒に注文してみて。テイクアウトも可能です。

東京・新大久保

03-6877-6371
東京都新宿区百人町2-3-20
ビジョン新大久保駅前3F
新大久保駅から徒歩3分

ドーンと大きい
カルビ入り

3

해장국

常連はほぼ韓国人!?

ツウなスープ専門店

1

2

お一人でも
気軽にどうぞ

1 豚の背骨肉とウゴジ(乾かした白菜の外側)たっぷりピョダギヘジャンク1200円 2 ハチノス、盲腸、センマイ、ギアラ入りのネジャンタン990円 3 骨付き牛肉とウゴジのカルビウゴジタン990円※3品すべてランチ価格

東京

牛骨と肉を長時間煮込んだ乳白色のとろとろスープ、ソルロンタン990円（ランチ価格）。仕込みに10時間以上かかるそう。塩加減はお好みで

二日酔いにも効く 栄養満点のスープ

4 カウンター席があるので一人でも利用しやすい。テイクアウトもできます 5 駅から7分ほど歩くと右手に看板が。階段を上ると入り口があります

ヤンピョン ヘジャンク

やんぴょん へじゃんく

韓国人のお客さんが多いのは、本場の味を貫いて提供しているから。店内の雰囲気も現地感たっぷりです。スープのほかに一品料理のメニューもあります。

東京・新大久保

03-3208-5502
東京都新宿区大久保1-6-12 2F
ランチ11:00 ～ 15:00(LO)、
ディナー 15:00 ～翌0:00(LO23:00)
無休
新大久保駅から徒歩7分

具だくさんな ぱかぽか濃厚スープ

店名の「ヤンピョン」はネジャンタン（ホルモンスープ）が有名な韓国の地名。「ヘジャンク」の意味は「二日酔いの酔い覚ましスープ」で、栄養バランスがいいのでダイエット食としても親しまれています。こちらのお店ではさまざまなスープを提供していますが、一番人気はネジャンタンだそう。ホルモンの臭みはあまりないのに部位ごとの食感をしっかり感じられるのは、半日～1日かけている丁寧な仕込みのおかげ。ピリ辛で濃厚なスープが、体を芯から温めてくれます。

삼계탕

滋養と美容に

栄養たっぷり参鶏湯《サムゲタン》

韓国の薬膳料理の
代表格を専門店で

中には韓方食材が！

高麗人参やなつめなどの
韓方がたっぷり

参鶏湯コース
4400円。ハー
フサイズもあ
ります

おうちでも
お店の味を♪

1日10食限定の参
鶏湯の通販は公式
サイトから注文で
きます。3880円

麻布十番グレイス

あざぶじゅうばんぐれいす

参鶏湯の味に魅了され、韓国で修業したオーナーが1985年に創業。麻布十番で30年以上店を構える、日本に参鶏湯を広めた草分け的存在のお店です。

東京・麻布十番

03-3475-6972
東京都港区麻布十番1-7-2
エスポワール麻布ビル1F
ランチ11:30～14:30(LO14:00)、
ディナー17:00～22:30(LO22:00)
無休
麻布十番駅7番出口から徒歩1分

疲れた時は グレイスの参鶏湯

美食家や芸能人も絶賛する「麻布十番グレイス」の本格的な参鶏湯。スープは保存料を使用せず、毎日長時間煮込んで作っています。鶏肉は若鶏を使用していて、箸ですぐにほぐれるほどやわらか。韓国から仕入れる生の高麗人参をはじめ、なつめや松の実などの韓方がたっぷり入っていて、美容効果や疲労回復も期待できます。ちょっと疲れたな、と感じたら「麻布十番グレイス」へ。熱々の参鶏湯を食べ終わる頃には、元気がみなぎっているはずです。

TOKYO

FASHION BEAUTY

and more...

패션 뷰티

ファッション、ビューティー

and more...

뷰티

K-BEAUTY OLIVE YOUNGを日本でも♡

韓国旅行に行ったらマストなヘルス＆ビューティーストア「OLIVE YOUNG」、略して〝オリヤン〟。待望のリアルショップが日本にもオープン！

1

2

1 ディフューザーやボディミストも好きな香りを試して選べるのがうれしい♡ 2 ブランド別に陳列され、買い物のしやすさもバツグン 3 人気の「WAKEMAKE」も

王道から新作までずらり♪

3

OLIVE YOUNG PB COSMETICS

ルミネエスト新宿店

オリーブヤング ピービー コスメティクス るみねえすとしんじゅくてん

OLIVE YOUNGが展開するプライベートブランドのアイテムを実際に手に取って購入できるリアル店舗。ルクア大阪店にも支店があります。

東京・新宿

03-5315-0301

東京都新宿区新宿3-38-1 ルミネエスト新宿 3F

新宿駅中央東改札または東改札直結

オンラインもある！

オンラインでも頻繁にセールが開催されるので要チェック！　PB専門の下記サイトのほか楽天市場にも公式ショップがあります。

https://www.oliveyoungpbcosmetics.jp/

OLIVE YOUNGって？

韓国初のヘルス＆ビューティーストアとして1999年に誕生。韓国国内で約1200店舗を展開し、自社でプロデュースするブランドも豊富。

OLIVE YOUNG PB COSMETICS

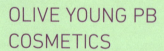

BRINGGREEN

話題のティーツリー×シカ

敏感肌におすすめの「ティーツリー シカ」シリーズ。左からセンシティブクレンジングウォーター 2200円、スージングトナー 1870円、スージングクリーム2200円

WAKEMAKE

韓国女優のような艶肌に

しっとりとした水分感を与えながら艶のある肌に導くファンデーション。ビタミンウォータートッククッション4290円

코덕《コドッ》もリピ中!
(コスメオタク)
オリヤンのPBブランド

PB COSMETICSで扱う全6ブランドの中からリピ必至の人気アイテムをご紹介。

ROUND ROUND

香りの持続力◎マルチミスト

左から、ドライフラワーディフューザーセンニチコウ3190円、ドライフラワーボディ＆ヘアミストカスミソウ1430円

colorgram

史上最強のキラキラ☆

リキッドタイプのグリッターシャドウで輝きを長時間キープ。ミルクブリングシャドウ09ハッピーオーラ1397円

fillimilli

現地でも人気のベストセラー

左から、ウォーターパフ990円、Sシルキーパウダーブラシ L 3410円、Sシルキーパウダーブラシ M 2860円

韓国で話題の"弾力クリーム"

BOH
BIO HEAL

高密フィット感のしっとりクリームでもっちりハリのある肌へ。プロバイオダームリフティングクリーム4620円

뷰티

K-BEAUTY

ヘアもボディも 韓国式でしっかりメンテ！

ヘアケアは韓国発のサロンで、ボディケアはよもぎ蒸しを体験できるモデル御用達のとっておきショップで。東京にいながら韓国美容を満喫！

1

2

3

GUNHEE TOKYO

ゴニトーキョー

SUPER JUNIORのヒチョルらを担当する韓国のヘアスタイリスト、ゴニさんがプロデュースするサロン。スタイリング方法まで丁寧に教えてもらえます。

東京・表参道

03-6685-1397

東京都渋谷区神宮前5-46-3 NIKOPLACE3F

表参道駅A1出口から徒歩4分

4

1 2 3 キュートな"エギョモリ"やエレガントな"ヨシンモリ"など個人のスタイルに合った韓国カットを提案 4 韓国カット＋バルガンカラー＋スタイリングレクチャー 1万3200円～

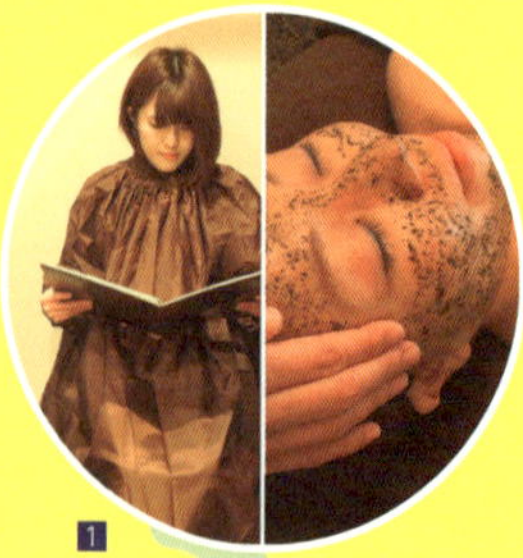

1

2

1 左から、よもぎ蒸し60分初回2500円～、次世代ハーブピーリング9600円～ 2 よもぎと12種類の漢方ハーブ＆酵素を調合した酵素ハーブよもぎ蒸し初回6500円～

Belinda Mona 新宿本店

ベリンダモナ しんじゅくほんてん

よもぎ蒸しや韓国アイドルも現地でよく利用するというホワイトタニング（コラーゲンマシン）など韓国発のケアが充実の女性専用サロン。

東京・新大久保

03-5937-5112

東京都新宿区北新宿1-13-19

大久保駅北口から徒歩4分

1 クオンが手掛ける「新しい韓国の文学」シリーズ 2 曜日ごとに日替わりの店長がそれぞれの得意分野をいかして本をキュレーション 3 9割が韓国語の原書。韓国に関する日本語の本も扱っています

책방

K-BOOK

厳選セレクトがずらり！ 韓国文学の世界へ

日本でもヒットが続く韓国文学。とびきりの一冊との出会いを求めて、オン&オフラインで韓国の書籍を販売するブックカフェ「チェッコリ」へ！

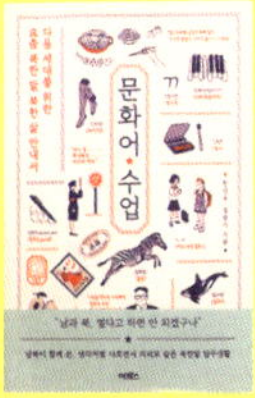

CHEKCCORI

チェッコリ

韓国の小説やエッセイなど翻訳本を手掛ける出版社「クオン」直営。韓国カルチャーに関するイベントも年間100回以上開催しています。

東京・神保町

03-5244-5425
東京都千代田区神田神保町1-7-3
三光堂ビル3F
神保町駅A5・A7出口から徒歩1分

4 北朝鮮の言葉についてまとめた『文化語 授業』（ハン・ソンウ著）3278円 5『私は私のままで生きることにした』（キム・スヒョン著）3036円。100万部突破を記念した特別装丁版の原書 6『クモンカゲ 韓国の小さなよろず屋』（イ・ミンギョン絵・文）5060円 7 "絵本版キム・ジヨン"と呼ばれる『L夫人とのインタビュー』（ホン・ジヘ絵・文）3520円

ALAND
エーランド

10～20代を中心に支持される韓国発の人気セレクトショップ。韓国以外にアメリカやタイでも展開し、ここ渋谷の店舗は日本初の路面店。

東京・渋谷
03-6452-5275
東京都渋谷区宇田川町20-11
渋谷三葉ビル 1-2F
渋谷駅出口A6から徒歩4分

1 韓国のファッション、デザイン、文化を感じられる空間。アパレルをはじめ、コスメやスマホケースなどの雑貨まで、約100種類のブランドを取り扱っています 2 店内にはフォトスポットも♡

1

2

패션
K-FASHION
東京に集結!
上陸ブランド4

日本にいながら最旬の韓国ファッションが買える時代に。韓国の若者を虜にする定番4ブランドをオフラインでも。全店制覇で気分は韓国旅行♪

STYLENANDA HARAJUKU STORE
スタイルナンダ ハラジュク ストア

甘辛MIXのトレンドファッションを扱うブランド。1階では人気コスメライン「3CE」のアイテムを販売。オンラインショップもあります。

東京・原宿
03-6721-1612
東京都渋谷区神宮前
1-6-9 OM169ビル
原宿駅竹下出口から
徒歩4分

1 コスメを扱う1階 2 2階にはフォトブースも 3 メランジ調ニットベスト4610円ほか 4 右から、ミックスカラージップアップカーディガン3430円、袖ドローコードエコレザージャケット8040円ほか

1

4

3

2

5

3

紫はブランドのシグニチャーカラー

1

2

6

4

1 Tシャツ5830円 2 ロゴ入りキャップ4620円 3 芸能人も着用し話題のジャージ上下セット2万790円。人気色のパープル×イエロー 4 レディースNYドレス7040円 5 6 お部屋のような内装に商品をディスプレイ♡

NERDY HARAJUKU FLAGSHIP STORE

ノルディ ハラジュク フラッグシップ ストア

K-POPアイドルも御用達のストリートファッションブランド。原宿の旗艦店はカフェ（P.54）も併設され、ブランドの世界観を体感できます。

東京・原宿

03-6384-5892
東京都渋谷区神宮前3-20-6
原宿駅竹下出口から徒歩7分

2

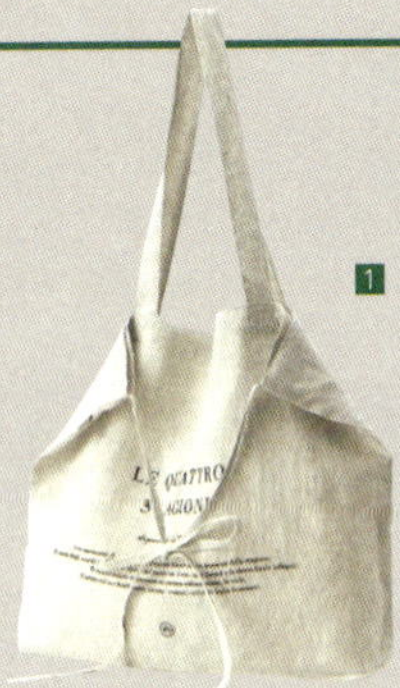
1

depound

ディパウンド

2016年にソウルで生まれたライフスタイルブランド。こちらは2021年12月まで（日程変更の可能性あり）の期間限定ポップアップストアで、今後は不定期で開催予定。詳細はInstagramをチェック。

東京・代官山

なし
渋谷区猿楽町20-13
代官山駅北口から徒歩7分

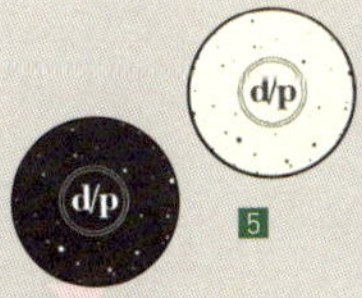

5

4

3

1 venice citybag beige 6160円 2 biscuit bag Mサイズ black 6050円 3 d/p logo pouch japan edition 1540円 4 clear phonecase 3960円 5 griptok black/ivory 各1980円

잡화점

K-GOODS

韓国クリエイターの雑貨をゲット

韓国のクリエイターから独自に仕入れた雑貨がそろう〝高円寺の韓国〟こと「雑貨屋PKP」。日本ではここでしか手に入らないアイテムも！

扱うブランドは15以上。商品のラインナップはオン・オフラインともに時期により異なるのでお店のサイトやSNSをチェック

入荷状況はサイトを確認！

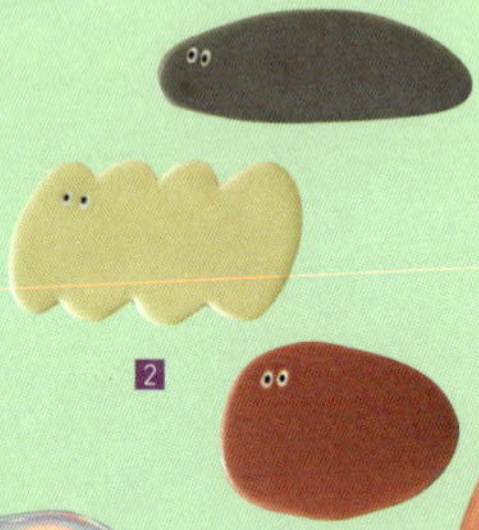

2

1

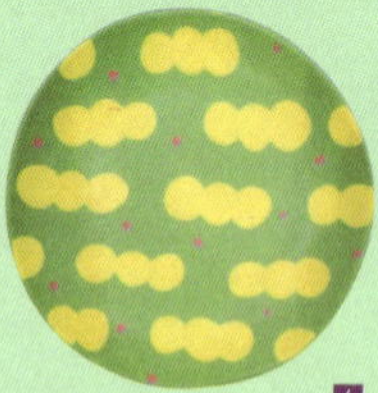

4

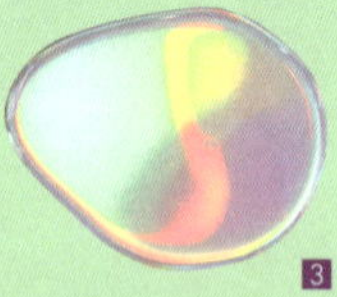

3

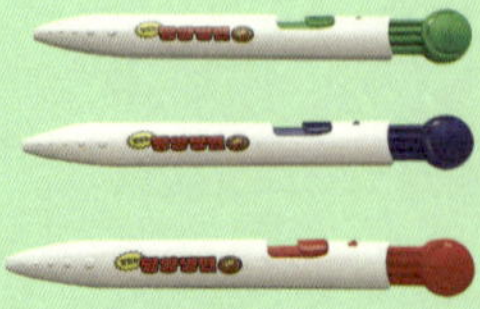

5

6

1 2 陶器ブランドBright Roomのアイテム。カトラリーレスト2541円ほか 3 KAYAのレインボーコースター 3520円 4 mwmのプレート7260円 5 雑貨屋PKP×SHUコラボのオリジナル商品、おいしいピョンヤン冷麺ボールペン各715円

雑貨屋 PKP

ざっかやピーケーピー

10年以上韓国に通う店主が作家と直接交渉し、韓国でもオフラインでは入手しにくいブランドの雑貨を独自に販売。オンラインショップもあります。

東京・高円寺

なし

東京都杉並区高円寺4-34 10 グランドコート三上101

高円寺駅南口から徒歩2分

1

2

3

pirum candle

ピルム キャンドル

キャンドル販売のほか1dayレッスンやKCCA（韓国キャンドル協会）の資格が取得可能なコースも。ポップアップストアの開催やオンラインストアもあるので要チェック！

東京・代官山

03-6161-6012

東京都渋谷区恵比寿南3-7-3

代官山駅東口から徒歩3分

1 2 白、ピンク、ゴールドがテーマカラー。手作りのキャンドルがずらりと並びます 3 drip cannelé candle各2100円

キャンドル＆インテリア小物をそろえる

キャンドルや雑貨をそろえて、お部屋を〝韓国インテリア〟に模様替え！　心ときめくアイテムを飾れば、おうち時間がますます楽しくなるはず♡

5

4

2

3

1

Somsatang

ソムサタン

店名は「わたあめ」という意味の韓国語。〝ふわふわでかわいい〟をコンセプトにハンドメイドや輸入雑貨を扱います。商品はオンラインでも購入可能！

東京・世田谷

非公開

東京都世田谷区若林3-17-6

松陰神社前駅から徒歩2分

1 2 一面ガラス張りで開放的な空間 3 左から、LEONレシピ（韓国語ver.）各2000円、花瓶2650円、造花のチューリップ各180円 4 heart cheese candle 1000円 5 左から、Nobody in the Sea（韓国の詩集）2000円、bon bon candle 1350円、mini bon bon candle 500円

K팝 댄스

K-POP DANCE

K-POPダンスを習ってみる

ダンス界の第一線で活躍する講師のもとで本格的なK-POPダンスに挑戦！　クラスの種類も豊富なので、未経験でも安心です♪

NEXTinDANCE

ネクストインダンス

全国からトップダンサーが集まる「EnDanceStudio」が運営するK-POPダンス専門スタジオ。レッスン料は月額5885円〜。

東京・渋谷

03-6434-1192
東京都渋谷区渋谷1-26 MIYASHITAPARK 南館3F EnSTUDIO
渋谷駅東口から徒歩3分

YeEun先生

韓国人ダンサー。韓国ではBTSのダンサーも務める。初級クラスでは韓国語でレッスンを行う。

Macken先生

K-POPやC-POPのダンサー、K-POPアイドルや俳優のバックアップ、振付師として活動中。

Shun先生

SHINeeテミンのサポートダンサーを務めたほか、多数のアーティストのMVにも出演。

Yumeno先生

TWICE、ITZYのサポートダンサーや、さまざまなK-POPアイドルのダンサー経験あり。

3

2

1

sepurish 新大久保店

セプリッシュ しんおおくぼてん

制服はすべて韓国の制服ブランド「NUGUNA」のもの。店内フォトスポット、プリ機での撮影や、おでかけをして楽しんで。

4

東京・新大久保
03-3360-9550
東京都新宿区百人町2-10-1 セガ新大久保B1F
新大久保駅から徒歩1分

1 全身ショットはロッカー前がおすすめ 2 学校がテーマのフォトスポットがいっぱい 3 大阪あべの店（@sepurish_abeno）は新大久保店の約2倍の広さ！ 4 研究生コース（90分）3500円〜。学割を利用すると2500円〜

교복

UNIFORM RENTAL

制服レンタルで韓国の高校生気分♪

レンタルできるのはアイドルが通う高校や、人気オーディション番組の衣装と同じデザインの制服。着たまま外出もOKです！

1

CHOA ONNI

チョア オンニ

時間内であれば何度でも着替えられるのでいろんな制服を試したい人にもおすすめ。店内にはTikTok、インスタ映えバッチリなフォトスポットも♡

東京・原宿
03-6434-9555
東京都渋谷区神宮前1-11-6 ラフォーレ原宿B1
原宿駅表参道口から徒歩5分

2

3

4

1 料金は150分3500円〜（学割あり） 2 4 韓国アイドルが番組やライブで着用したデザインも 3 店内はテーマカラーのピンクのフォトスポットが充実。福岡や大阪にも店舗があります

COLUMN 3

フォトスタジオ

で人生写真を撮る!

사진관

セルフ写真館で自分好みの写真を!

好きなタイミングでシャッターを押して撮影できる韓国生まれのセルフ写真館。目の大きさや輪郭が極端に補正される日本のプリントシール機と違い、自然な質感で〝盛れすぎずエモい仕上がり〟が人気です。定番はモノクロですが、制服レンタル付きなど、日本にもさまざまなスタジオがあるので一度体験してみて!

1

3

4

2

1 白で統一されたカフェ空間 2 ももハムとバターのバゲットサンド、Jambon beurre1050円 3 ほろ苦さと甘さが絶妙なCheese ice cream latte 750円 4 ふわふわチーズクリームの食感が楽しいCream crumble cake 650円

bluepear Coffee/Photo

カフェ併設

ブルーペアー コーヒー フォト

2021年9月にリニューアルオープンした関西初のセルフ写真館併設カフェ。写真館の利用はDMから事前に予約を。

大阪・堀江

なし
大阪府大阪市西区新町1-7-9 TAMTAM四ツ橋ビル2F
四ツ橋駅2番出口から徒歩5分

How to セルフ写真

撮影プランを選びスタジオへ

撮影方法を教わります

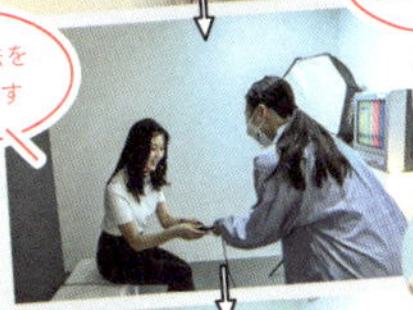

撮影時間は10分間！

プリントする写真を選択

5 撮影ブースに入る前の空間にヘアアイロンや鏡も用意されています 6 ヘッドホンなど小物も自由に使えます。スマホでブラウン管に映る自分の姿を撮ればニュートロな自撮りが完成♪

PRICE

SIMPLE PACKAGE　4000円
FULL PACKAGE　6000円
※1～2名で利用時の基本料金

制限時間内なら好きなだけ撮影OK！

どのプランも撮影時間は10分で全データ提供。FULL PACKAGEは人数分のオリジナルフォトチケットとフォトセットが付きます

FULL PACKAGEでもらえるセット♡

COLUMN

2

3

日本初！
元祖店

刹那館 新大久保店

せつなかん しんおおくぼてん

韓国発のセルフ写真館を日本で初めてオープン。プロ仕様のカメラと照明機器を備え、本格的な仕上がりが人気です。

東京・新大久保

070-8427-1655

東京都新宿区百人町1-23-1 タキカワ百人町ビル3-4F

大久保駅南口から徒歩2分

PRICE

セルフ撮影基本プラン
（1 or 2名分／モノクロ撮影15分＋撮影データ2枚分）
3840円（1名追加＋980円）

1

1 各プラン＋980円で全データを受け取れます 2 レトロカメラなど無料の小物も種類豊富。カラー撮影も可能です 3 撮影した4枚をフレーム入りでもらえる4STYLE（1人500円）もおすすめ。セルフ写真館とプリのいいとこどり♪

1人に1時間かけて
丁寧にレタッチ！

2

1

韓国式
証明写真

韓国式証明写真館 MJ PHOTO STUDIO

**かんこくしきしょうめいしゃしんかん
エムジェイ フォト スタジオ**

日本で韓国式証明写真が撮れる唯一のスタジオ。横浜や大阪の北堀江にも支店があり、全店公式サイトから予約必須です。

東京・新大久保

070-8427-1655

東京都新宿区百人町1-23-1 タキカワ百人町ビル3F

大久保駅南口から徒歩2分

PRICE

韓国式証明写真　6800円
プロフィール写真　7980円
韓国式クイック証明写真　2200円
オーディション撮影用プラン　1万2800円

3

1 撮影はセルフではなく専門のスタッフが担当。パスポートやマイナンバー用の証明写真が撮影できます 2 韓国式のレタッチで細部まで丁寧に補正してもらえます 3 背景色は全43種。使用用途に合わせて好きな色を選びましょう

1 撮影用小道具も充実 2 更衣室にはヘアアイロンも 3 撮影ブース。撮った写真はモニターですぐに確認できます 4 制服レンタルは2時間3500円～。中国のオーディション番組の制服もあります。予約は公式サイトから

PRICE

韓国アイドル制服撮影コース
（基本コース40分／1～2名）3500円
シンプル撮影コース
（基本コース20分／1～2名）2000円
撮影データ全てお渡し ＋1000円

制服レンタル

セルフ写真館 ulipom

せるふしゃしんかん ウリポム

シンプルな撮影から韓国の制服を着ての撮影まで、幅広いコースが魅力。モノクロとカラーの選択もOKです。

京都・烏丸七条
080-4982-5735
京都府京都市下京区真苧屋町218 GARNET STARTING BLDG 4F
京都駅中央口から徒歩10分

撮影データはSNSにUPしよっ♡

1 撮影前にポーズを考えておくとスムーズ！ 2 本格的な撮影機材を完備。サングラスやお花などの撮影用小物やコテ、ドライヤーも無料で利用できます

PRICE

基本料金
1名利用　1900円
2名利用　3800円
3名以上は1名＋1000円

渋谷で遊べる！

セルフ写真館 GENICBOOTH

せるふしゃしんかん ジェニックブース

15分間撮り放題の完全予約制セルフ写真館。基本料金でモノクロ撮影データ10枚、人数分のL版写真4枚と4カット写真がもらえます。

東京・渋谷
非公開
東京都渋谷区神南1-20-3 渋谷KSビル2F
渋谷駅A6出口から徒歩5分
※完全予約制

라면

おうちで韓国気分を味わえる韓国ラーメン。
SNSで話題のアレンジレシピもご紹介！

COLUMN 4

韓国インスタント麺

食べ比べ＆アレンジ

ラーメン食べ比べ

カムジャ麺

감자면

名前はジャガイモ麺という意味。ジャガイモでん粉が配合された麺はモチモチ食感。かやくにもジャガイモ入り。

辛さ★☆☆☆

三養《サミャン》ラーメン

삼양라면

韓国でスタンダードなインスタント麺の一つ。スープはダシの味が強く、香ばしいハムやベーコンのような風味も。

辛さ★★☆☆

ジンチャンポン

진짬뽕

韓国の辛いチャンポンをインスタント麺で再現。海鮮の旨みが強く出た香ばしいスープに平太麺がよく絡みます。

辛さ★★★☆

パルドビビン麺

팔도 비빔면

甘・辛・酸が絶妙なバランス！麺をゆでた後に水でしめ、付属タレを混ぜれば完成。キュウリや卵を添えてもおいしい。

辛さ★★★☆

パルドチャジャン麺

팔도 짜장면

韓国風ジャージャー麺で辛さゼロ。甘味噌ダレはミートソースのような風味も感じられる。タレはレトルトパウチ入り。

辛さ☆☆☆☆

牛肉わかめラーメン

쇠고기미역국라면

韓国では産後の栄養補給に食べるわかめスープをインスタント麺に。コクのある牛肉＆牛骨スープが後引くおいしさ。

辛さ☆☆☆☆

アレンジレシピ

牛乳でまろやかな味!

ロゼ
辛ラーメン

로제 신라면

鍋に牛乳とコチュジャンを入れてよく混ぜた後、加熱し、麺と粉末スープ、かやく、薄切りにした玉ねぎ、ソーセージを入れて煮る。お好みでスライスチーズや粉チーズをかけてもおいしい。

材料(1人前)
辛ラーメン　1袋
牛乳　550ml
ソーセージ　4～6個
玉ねぎ　1/4個
コチュジャン　大さじ1/2

カルボナーラ風に!?

サリコムタンパスタ

사리곰탕 파스타

ニンニクみじん切りとベーコンを炒め、牛乳と粉末スープ2/3を投入。煮えたら麺とチーズ、小口切りにした青唐辛子、残りのスープとかやくを入れて完成。仕上げにコショウを振って。

材料(1人前)
サリコムタンラーメン　1袋
牛乳　400ml
ニンニク　1かけ
ベーコン　2枚
コショウ　少々
スライスチーズ　1枚
青唐辛子　適量

スンドゥブチゲみたい

スンドゥブ熱《ヨル》
ラーメン

순두부열라면

お湯を沸かして麺、粉末スープ、おぼろ豆腐、長ネギ、ニンニクのみじん切りを投入。煮えたら卵を入れて、最後にコショウをかけてできあがり。

材料(1人前)
熱ラーメン　半袋
おぼろ豆腐(または絹豆腐)　半丁
水　300ml
卵　1個
コショウ　少々
長ネギ　少々
ニンニク　適量

ラーメン味のチャーハン

カップラーメン
チャーハン

컵라면 볶음밥

麺を取り出し砕いてカップに戻し、粉末スープをかけてお湯を少なめに入れる。麺がふやけたら白米、長ネギ、卵と一緒にフライパンで炒める。それをカップに入れて固め、皿の上でひっくり返して出す。

材料(1人前)
好きなカップラーメン　1個
白米　1膳分
長ネギ　1/4本
卵　1個

イカゲームで大注目!

韓国ではラーメンを生で食べる!?

未調理のインスタント麺を생라면(センラミョン)と呼び、おやつとして食べる人も。ドラマ「オジンオゲーム」にも三養ラーメンを砕いて粉末スープをかけ、焼酎のおつまみにするシーンが登場!

「パラサイト」でおなじみ

チャパグリ

짜파구리

両方の麺とかやくを沸騰したお湯に一緒に投入し、4分半ほど煮る。ゆで汁を少しだけ残して麺を湯切りし、両方の粉末スープを混ぜてできあがり。映画同様に焼いた牛肉を加えても◎。

材料(1人前)
チャパゲッティ　半袋
ノグリラーメン　半袋

KYOTO
OSAKA
KOBE

교토 오사카 고베

京阪神

＼ 朝から夜まで１日過ごせる！ ／

鶴橋・生野コリアタウン PERFECT GUIDE

츠루하시 & 이쿠노

鶴橋・生野攻略TIPS！

☑ **２エリアからなる大阪屈指のコリアタウン**

韓国の下町を彷彿とさせる情緒あふれる鶴橋商店街と御幸通りに店がつらなる生野コリアタウン、2つのエリアから構成されます。

☑ **鶴橋商店街は午前中に回るべし**

キムチ、チヂミ、キンパなどの惣菜や生鮮食品を扱うお店の多くは昼頃に閉店してしまうので活気を味わうなら午前中がベスト。

☑ **生野コリアタウンは午後が楽しい**

地域密着型の老舗に加え、カフェや複合ビルが次々オープンしている生野エリア。活気が出る午後の散策がおすすめです。

SHELTER COFFEE
→P.116

cafe Ato
→P.119

安田商店
→P.121

MORNING 오전 午前

具材たっぷり
オモニの味♡

김밥《キンパ》

売り切れ必至のキンパをテイクアウト

1 種類豊富なキンパは具材ぎっしりで食べ応え満点 2 3 スタッフが手際よく具材を重ね、キンパを巻いていきます

テイクアウト
専門店です♪

キンパの
キャラが！

独創性あふれるオリジナルキンパ

コリアンダイニングを営んでいたオーナーの松岡陽子さんが、2006年にキンパ（韓国海苔巻き）専門店をオープン。「麦の家でしか味わえないキンパを提供したい」という思いから、厳選された食材のみを使用して一つ一つ手作りしています。たっぷり入っている具材の味が引き立つように、ごま油は香り付け程度に。作り置きは一切せず、店頭には作りたてのキンパがずらり。常にメニュー開発を行っていて、定番から変わり種までバラエティ豊かなラインナップです。今後も新商品が続々と登場予定！ 人気商品はすぐに売り切れてしまうので、オープンと同時に行くのが吉。

できたてのキンパをぜひ

[麦の家のめくるめくキンパセレクション8]

王の名にふさわしい大きさ

麦王キンパ 1290円（1本）
650円（ハーフ）

黒毛和牛の焼肉が入った贅沢すぎる味わい

ポッタンは「爆弾」の意味

ポッタンキンパ
480円

たっぷり細切り卵焼きとベーコンの旨みが◎

ご飯の代わりに辛い麺!?

チーズプルダック辛麺
430円

辛い麺と厚焼き卵の甘辛ミックスが絶妙！

これが意外と合うんです

エビマヨキンパ
430円

エビとチャプチェという組み合わせが新鮮

不動の人気No.1キンパ

焼肉キンパ
380円

自家製ダレの焼肉の旨みをギュッと濃縮！

野菜たっぷり人気No.2

ピビンバキンパ
480円

牛ミンチやナムルがたっぷりで栄養満点！

麦の家
むぎのいえ

テイクアウト専門店。キンパのほかにチヂミも大人気で、一緒に買う人も多いそう。公式サイトからも急速冷凍されたキンパやチヂミを購入できます。

大阪・鶴橋

06-6716-8508
大阪府大阪市生野区桃谷3-8-16
鶴橋駅東改札口から徒歩13分

食べ応え抜群のチーズカツ

チーズカツキンパ
480円

モッツァレラチーズとカツの相性がピカイチ

アボカド×チーズは鉄板！

アボガドクリームチーズキンパ
490円

隠し味のブラックペッパーがいいアクセント

50年以上愛される
キムチをお持ち帰り

김치《キムチ》 専門店のキムチを買う！

三代受け継ぐ 秘伝のキムチ

鶴橋商店街にある「(株)豊田商店」は、この地で50年以上店を構える本格キムチ専門店。辛さのなかにも旨みがあるキムチは、門外不出の秘伝の薬味で作られており、ここでしか買うことができない味です。一つ一つすべて手作りの製造方法は、創業当初から三代にわたって受け継がれていて、今も変わりません。工場生産のキムチでは決して味わうことができない奥深さを感じられます。材料は自ら生産地に足を運び、農家と直接契約して厳選したものを仕入れているそう。一級品の食材のみを使い、手間ひまかけて作られた贅沢なキムチを、味わってみませんか？

(株)豊田商店

かぶしきがいしゃとよだしょうてん

品揃え豊富なキムチは、一度食べたらクセになるおいしさ。リピーター続出なのも納得です。公式サイトからオンラインで購入することもできます。

大阪・鶴橋

06-6717-3113

大阪府大阪市東成区東小橋3-17-20

鶴橋駅東改札口から徒歩3分

[豊田商店のおすすめキムチ4PICK！]

まかない明太子
(230g) 1080円

プチプチ食感。料理のアレンジにも使えます

チャンジャ
(310g) 1080円

人気No.1。ぷりっと歯応えが◎。お酒のお供に

キュウリキムチ
(500g) 540円

シャキッと食べやすく、子どもにも大人気

白菜キムチ
(500g) 540円

キムチの王道！　迷ったらまずはこちらを♪

한국마트《ハングンマートゥ》

韓国スーパー キムチランドの売れ筋セレクション

定番商品も新商品もここでぜ〜んぶ解決！

「キムチランド」は鶴橋本通商店街にある大型韓国スーパーの一つ。韓国の食に関するものなら調味料やお菓子、インスタントラーメン、お酒はもちろん銀色の食器まで品揃えは随一。今まさに韓国で流行しているお菓子や新商品もリーズナブルに手に入れることができ、日本にいながら韓国のスーパーで買い物をしているような気分を味わえます。また「キムチランド」という店名の通りキムチの種類も豊富。白菜キムチは週に3回釜山から直送。有機堆肥で育った白菜を秘伝のヤンニョムに漬け込んだ一級品！　ほかにも珍しいキムチがたくさんあるのでチェックしてみて。

キムチランド

鶴橋本店

きむちらんど つるはしほんてん

日本でなかなか見かけないレアな商品が多く、韓国通の友人へのおみやげ選びにもぴったり。買い物カゴの内側には、使える一言韓国語が書かれています。

商品のことなら何でも聞いてね

大阪・鶴橋

06-6741-4700

大阪府大阪市生野区鶴橋2-8-21

9:30 〜 19:00、土曜〜 19:30

無休

鶴橋駅東改札口から徒歩8分

爆買い必至！

韓国の味を持ち帰ろう

チップが4層でザクザク！

과자

お菓子

6 チョコチュロス味チップス410円 7 ミルクと一緒に楽しみたい麦シリアル226円 8 イカバター焼き味スナック189円 9 焼きトウモロコシ味といちご味のアーモンド各226円

음료

ドリンク

1 カカオフレンズのフルーツスムージー各321円 2 氷を入れるだけでカフェ気分のタルゴナコーヒー302円、グレープフルーツエイド259円 3 シナモン香る伝統ドリンク100円 4 オレンジジュース100円 5 ぶどうジュース100円

소스&김

ソース&海苔

15 韓国海苔のふりかけ349円 16 ガーリックマヨディップソース580円 17 ビビン麺が再現できるピリ辛ソース842円

술

お酒

13 爽やかな味が特徴。釜山の生マッコリ683円 14「愛してる」という意味のビール、サランヘホワイトエール495円

本物のキムチが入ってる！

あつあつご飯やラーメンに！

라면

インスタントラーメン

10 一番人気のユッケジャンラーメン136円 11 酸っぱい味がクセになる！ キムチチゲラーメン280円 12 海鮮ダシの効いたピリ辛カップ飯523円

テジクッパ880円。薬味を入れて味を変えながら食べられるのも楽しい

식당《シクタン》

LUNCH 점심 ランチ

本格派食堂のホカホカスープで絶品ランチ!

豚肉専門店の店主が作る本場の味

同じ御幸通商店街にある豚肉専門店「サンコー食品」の三代目店主・良元現雄さんが経営しているテジクッパ(豚クッパ)専門店「オヂェパメン」。本場・釜山で食べ歩き研究を重ねたというテジクッパは、濃厚なのに洗練された味。「サンコー食品」で毎日出る豚の頭骨や頭肉、背骨、げんこつを約6~8時間じっくり煮込んで作っていて、豚肉特有の臭みがなく食べやすいスープです。

テジクッパと同じくらい人気なのが、豚肉を白菜で包んで食べるポッサム定食。約2時間ゆでた豚肉はやわらかく、優しい旨みが口の中にフワッと広がり、噛むほどに甘みが増します。一緒に付いてくるチョジャン(ピリ辛の酢味噌)との相性も抜群。本格的なテジクッパやポッサムを食べて釜山旅行気分を味わいましょう。

豚のスープも付いたポッサム定食1180円

テジクッパはこう食べる！

お好みでチョジャンなどを加えて食べよう

豚の腸にミンチや春雨を詰めたスンデ600円

レトロな雰囲気で旅行気分♪

オヂェパメン

おぢぇぱめん

豚肉専門店が運営しているためリーズナブルな価格で絶品のテジクッパを味わえます。同じ通りの「サンコー食品」でゆで豚肉を買って帰るのもおすすめ。

大阪・鶴橋

06-6716-9209

大阪府大阪市生野区桃谷3-9-4

鶴橋駅東改札口から徒歩13分

식당

LUNCH 점심 ランチ

体にスッと染みる優しい韓国料理

鶴橋本通商店街から通りを一本入った住宅街に位置する「韓国四季料理MARU」。一軒家の1階を改装した店内は、にぎやかな鶴橋エリアにありながら、まるで家のようにゆっくりくつろげる癒しの空間です。家族で営んでいて、15年以上韓国料理に携わっているお父さんがシェフとしてイチから手作り。本場の味を絶妙にアレンジした料理はどれも絶品ですが、特に鶏肉の旨みがギュッと凝縮された参鶏湯と、コクのあるウゴジカルビスープは味わってほしい一品。セットの釜炊きご飯との相性も抜群です。「四季が感じられる料理を提供したい」と、パンチャン(おかず)や一部メニューが季節によって変わるのもうれしいところ。体に優しい料理が食べたくなったら迷わずこちらを訪れて。

サムゲタン 삼계탕 1650円

国産の若鶏をじっくり約6～8時間煮込んだ薬膳料理

ウゴジカルビスープセット 우거지 갈비탕 정식 1100円

白菜の外側と牛肉、牛骨を煮込んだ韓国味噌ベースのスープ

韓国四季料理 MARU

かんこくしきりょうり マル

アットホームな雰囲気。本格的なコーヒーマシーンがあり、元バリスタの息子さんが厳選した豆でコーヒーも提供。

大阪・鶴橋

06-7161-8123
大阪府大阪市生野区鶴橋2-9-15
鶴橋駅東改札口から徒歩5分

お取り寄せもできますよ

石釜飯
くるみやかぼちゃなどが入っている自慢の石釜飯
豆腐や具材がたっぷり
まろやかなスープと具材の旨みのバランスがGOOD
スンドゥブチゲ

パンチャンと石釜飯付きのスンドゥブチゲセット1100円。ご飯をよそった後、石釜にお湯を注いで蓋をして少し時間を置きます。食事が終わった頃にはおこげスープの完成！

카페《カペ》 まるで韓国♡なカフェで妄想トリップ

鶴橋のシェルターで静かなひと時を

迷路のように複雑な鶴橋商店街。活気あふれるにぎやかな場所を少し抜け、ほっとひと息つける避難場所＝シェルターのようなカフェがここ「SHELTER COFFEE」です。もともと倉庫だった建物をオーナー自身と友人でリノベーション。その面影を残した、無機質な雰囲気が魅力です。こちらの自慢は、なんといってもコーヒー。お店をオープンする際に何十種類ものコーヒーをテイスティング。オリジナルにブレンドした豆から挽くコーヒーを提供しています。手作りのスイーツも豊富。一番人気は、韓国でもはや定番となったクロワッサン生地のワッフル、クロッフル。プレーンはもちろんオレオやアイスクリームなどトッピングも充実しているので、お気に入りを見つけてみて。

コーヒー豆の香りが漂う シックな空間

ホットカフェラテ450円。カップのロゴはオーナーの後ろ姿

クロッフルにブラウンチーズ、バニラアイス、メープルシロップをトッピング650円

クロッフルの生地はお店で2時間発酵。外はサクサク、中はふっくらしています

自家製のレモンスカッシュ 500円。果肉を潰しながら楽しんで

バニラとチョコのクマフィン各380円

バリスタが淹れる自慢のコーヒー

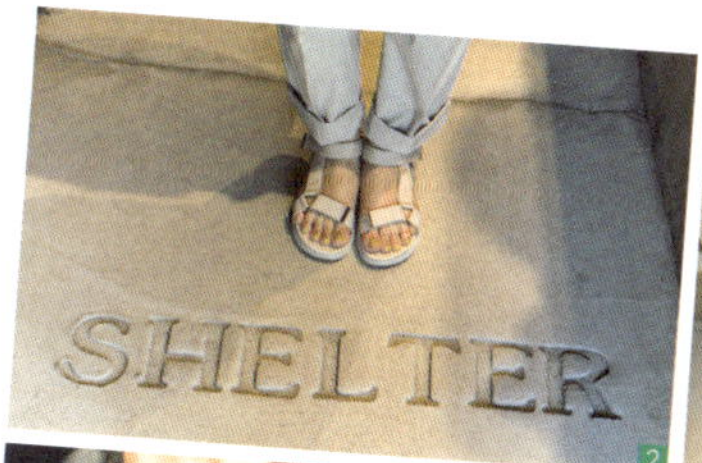

2

1

3

SHELTER COFFEE

シェルターコーヒー

鶴橋の穴場カフェ。メニューにはクラフトビールや珍しいサルサソース＆チーズのクロッフルもあります。

大阪・鶴橋

非公開

大阪府大阪市生野区鶴橋2-6-5

鶴橋駅東改札口から徒歩8分

1 コンクリート打ちっぱなしのシンプルで無駄のない内装 2 床にデザインされた「SHELTER」の文字は人気のフォトスポット 3 ブラウンチーズはその場で削って提供。バニラアイスの甘さとチーズの塩気がたまらない！

카페

CAFE TIME 카페타임 カフェタイム

1 ほどよい甘さのオレオチーズケーキ650円、一番人気のさつまいもタルゴナラテ650円 2 2階の壁にはさまざまなフレームが装飾され、まるでギャラリーのよう 3 ドライフラワーがセンスよく飾られています

2

3

日が差し込む窓際で
ゆったりとした時間を
1

知っておきたい 鶴橋の心ときめくカフェ

隠れ家のような韓国っぽカフェを鶴橋で発見！ 住宅街の裏路地にある「cafe dal.a」は、古い民家をリノベーションしたカフェ。「心がときめく時間を過ごしてほしい」と、どの席に座っても映えるインテリア。一方、御幸通商店街から通りを一本入った場所にある「cafe Ato」は韓国とイタリアの要素が融合したユニークなカフェ。どちらも最新の韓国の流行を取り入れたメニューがそろいます。

cafe dal.a

カフェ ダラ

独自の世界観で統一された店内はインスタ映えする席ばかり。落ち着いた雰囲気で、居心地のよさも人気の理由です。

大阪・鶴橋

非公開
大阪府大阪市生野区桃谷2-4-15
鶴橋駅東改札口から徒歩10分
※1人1ドリンク制

新感覚スイーツを味わって

1 イラストと緑のテーブルが鮮やか 2 落ち着いた雰囲気の店内 3 韓国語で店名が書かれたポスターも 4 人気のスイーツ、カンノーリをテイクアウトするとおしゃれな箱に入れてくれます

韓国とイタリアの感性が合わさったアートな空間

1

2

3

cafe Ato

カフェ アト

イタリア料理歴18年のシェフが韓国×イタリア料理を提供。それぞれのよさをいかした独創的なメニューを味わって。

大阪・鶴橋

080-3861-4732

大阪府大阪市生野区桃谷5-7-10 1F

今里駅2番出口から徒歩15分

ミルクがあふれる流行ドリンク

4

5

6

7

5 ほろ苦さがたまらない、わざとミルクをこぼしたダーティーラテ650円 6 果汁たっぷり生メロンのクリームソーダ700円 7 サクッとしたイタリア発の新感覚スイーツ、カンノーリ各550円

京阪神

쇼핑《ショッピング》♡

高速ターミナル風!?なお店でショッピング

日本にいながら全身韓国コーデが叶っちゃう！
旬の韓国ファッションは、大阪の高速ターミナルへ♡

トレンドのレザーカチューシャ
各880円

カバンやブラウスに。リボンブローチ各990円

キャミワンピース（ブラック）
2970円

高架下のショップはまるでソウルの地下街！

ビスチェ風ブラウス2420円、フェイクレザーパンツ1870円

キャミソール付きアーガイルカーディガン各1980円

ミニキュロットスカート（グレー）1980円

韓国ファッション 고속터미널 鶴橋店

かんこくふぁっしょん コウソクターミナル つるはしてん

リーズナブルな韓国ファッションの店。ソウルの高速ターミナル駅をイメージしたバス停のフォトスポットも人気！

大阪・鶴橋

06-6973-8668
大阪府大阪市生野区鶴橋3-1-48
鶴橋駅東改札口から徒歩5分

フラワーシルエットのバンスクリップ550円

2021年11月に梅田店もオープン

한복《ハンボク》

韓服《ハンボク》をレンタルして記念撮影

袖を通せば、気分は韓国時代劇の登場人物！ 色鮮やかな韓服で思い出を彩りませんか？

憧れの韓服を着て
ドラマの主人公に！

スタジオ体験撮影プランの流れ

まずは店員さんと相談しながら、好きな衣装を選びます

⇩

着付けは店員さんがしてくれるので安心です

⇩

好きな髪飾りを1点選んで付けてもらったら、いよいよ撮影！

⇩

完成！

カメラマンによる撮影後、5分間、室内での自撮りもOK！

1 プロのカメラマンによる撮影 2 衣装のまま外に出られる街ブラ体験プラン用の髪飾り、テンギ 3 100着以上の衣装からお気に入りを見つけて。選ぶ時からワクワク！

PRICE

スタジオ体験撮影プラン
2ポーズ(2L版×2枚)台紙付
1人 8800円
※データの提供はなし

街ブラ体験プラン（女性限定）
1人(3時間)3850円
2名以上(3時間)1人3300円

安田商店
やすだしょうてん

入学や結婚など大切な節目の記念撮影がメインのフォトスタジオ。プロのヘアメイクさんによるヘアメイクオプションもあり。

大阪・鶴橋
☎06-6971-1262
大阪府大阪市東成区東小橋3-15-9
鶴橋駅東改札口から徒歩1分

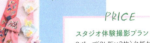

お昼も元気に営業してます

動くタコを丸々鍋に投入!

甘〜いぷりっぷりのエビ♡

醤油ベースの自家製ダレに3日漬け込んだカンジャンセウ1298円

ドラム缶テーブルで韓国気分

店内にはK-POPが流れ、まるで韓国の食堂

エビやホルモンもゴロゴロ! ナッコプセ(2人前)3300円

탕《タン》 or 삼겹살《サムギョプサル》

鶴橋ツアーのシメは 大鍋 or サムギョプサル?

新鮮さが自慢の釜山名物・海鮮料理

「ばんぐり」は釜山出身のオーナーが営む、一日の終わりにぴったりのお店。「ニコニコ」を意味する韓国語「バングルバングル」から名付けられた店名通り、オーナー夫婦が笑顔で迎えてくれます。お店のイチオシはやはり釜山名物の海鮮料理。鮮度に気を配り、近隣の市場から新鮮な食材のみを仕入れています。1〜7月中旬頃まではサンナクチ(タコの踊り食い)も提供し大人気。タイミングが合えばチャレンジしてみて。

韓国居酒屋ばんぐり
鶴橋店
かんこくいざかやばんぐり つるはしてん

韓国最大の港町・釜山出身の店主が腕を振るう。定番だけでなくナッコプセ、ムルフェ(水刺身)など海鮮料理が豊富。

大阪・鶴橋
06-4305-3753
大阪府大阪市東成区東小橋3-10-24石原ビル1F
鶴橋駅東改札口から徒歩5分

2号店もオープン

2021年8月、大阪・心斎橋に2号店が開店。サムギョプサルが人気

ソジュ（焼酎）にも合う絶品の大鍋料理

鶴橋旅の締めにチャ〜ン！

ニンニクが効いたピリ辛のナッコプセは、ソジュが進む！

탕《タン》

大鍋

やわらかお肉にかぶりついて

山盛りカムジャタン（2人前）3300円。軍手をした手で持って、かぶりついて食べるのがばんぐり流！

2022年春まで、ランチタイムは前日までの予約のみで営業予定。詳細はInstagramを参照

彩食韓味 李園

さいしょくかんみ りえん

気さくで優しいオーナーに会いに来店するリピーター多数。予約限定メニューもあるので、インスタをチェックして。

大阪・鶴橋

☎06-6731-6227

大阪府大阪市生野区鶴橋1-3-18 エステマール鶴橋2号館1F

鶴橋駅東改札口から徒歩2分

삼겹살

サムギョプサル

目の前でジュージュー
音と匂いが食欲をそそる

サムギョプサル1600円
（2人前から。一人客は1人前のみの提供も可）

通いたくなる居心地のよさも魅力

鶴橋駅から高架下を通り抜けると、すぐに見えてくる「彩食韓味 李園」。以前は和食料理店で働いていたというオーナーは、韓国の味に和食で重視されている旨みを加えてアレンジしているそう。定番人気はジューシーなサムギョプサルで、海鮮チヂミやケランチム（卵蒸し）もマストで頼んでほしいメニューです。さらにオープンから6年以上経った今でも「料理をすることが一番楽しい、おいしい料理を食べてほしい」というオーナーの思いは変わらず、旬に合わせて使用する食材や一部メニューを変え、新たな料理を続々と提供。居心地もよく、何度も行きたくなるお店です。

1

2

3

1 サクッとジューシーな海鮮チヂミ1050円 2 サムギョプサルをサンチュやエゴマの葉で包み、お好みで唐辛子やキムチをのせて食べます 3 ふっくらふわふわなケランチム850円

生マッコリは
グラス495円

一緒に楽しく
コンベ（乾杯）!

COLUMN 5

\ まだまだある！ /

鶴橋TOPICS

츠르하시

新たに誕生したビルや韓国のアイスも買えるスーパーなど、鶴橋で話題のスポットを一挙ご紹介！

Topic 1

まるっと楽しい

ニュービルディング 続々！

人気の韓国コスメがそろう「韓流百貨店」が鶴橋に登場。4階建ての「春夏秋冬ビル」はスーパーやカフェなどがずらり！

韓流百貨店 大阪鶴橋店
はんりゅうひゃっかてん おおさかつるはしてん

大阪・鶴橋
06-7178-8409
大阪府大阪市生野区桃谷5-5-6 1F
鶴橋駅東改札口から徒歩15分

韓国中華やチキン店も上階に

春夏秋冬ビル
しゅんかしゅうとうびる

大阪・鶴橋
06-6715-0911
大阪府大阪市生野区桃谷4-6-13
10:00～19:00 無休
鶴橋駅東改札口から徒歩14分

1階は韓国スーパー

Topic 2

まるで現地のコンビニ!?

品揃え最強スーパー

韓国のチルド商品も取り扱い。入荷のタイミングはInstagramをチェック！

2

1

1 日本では「鶴橋クラス」だけが輸入しているという王アイス各302円。スイカ、マスカット、ブドウ味の3種類 2 Kloudビール、缶(330ml) 810円、缶(500ml) 918円、瓶(500ml) 1026円。初めて入荷した際は、用意した分が5分で売り切れたほど人気の商品※価格は変動あり

鶴橋クラス
つるはしくらす

大阪・鶴橋
なし
大阪府大阪市生野区鶴橋2-16-10グランデュール鶴橋1F
鶴橋駅東改札口から徒歩5分

Topic 3

SAMIは

コスメの仕入れが早い！

話題の商品がいち早く並ぶコスメショップ。靴下や雑貨の販売も！

Cosmetic SAMI 桃谷本店
コスメティック サミ ももだにほんてん

大阪・鶴橋
06-6796-8137
大阪府大阪市生野区桃谷3-7-18
鶴橋駅東改札口から徒歩10分

Topic 4

精肉店のポッサムや豚足がマシッソヨ♡

「オヂェパメン」(P.112)を運営する精肉店。調理済のやわらかポッサム(ゆで豚肉)や豚足を購入できる。

サンコー食品
さんこーしょくひん

大阪・鶴橋
06-6731-4500
大阪府大阪市生野区桃谷4-7-3
8:00～18:00
無休
鶴橋駅東改札口から徒歩13分

KYOTO OSAKA KOBE

CAFE
카페《カフェ》

회원제 카페

会員制カフェ

1

京都の真ん中にある
おうちカフェで癒されて

丁寧な暮らしを提案する韓国人プロデューサー hanurleeさんが6番目に手掛けるカフェ「un weekend à home」は、２０２１年2月にオープン。公式Instagramのフォロワーであることが必須の完全招待制カフェです。プライベート感が韓国カフェ好きの心に火をつけ、「素敵すぎるカフェがあるらしい」と瞬く間に口コミが広がりました。

「おうちで過ごす週末」がコンセプトで、扉を開けると木の温もりを感じる空間が広がっています。イギリスやオランダなど世界中から集めたアンティーク家具が配され、中には１００年ものの貴重なインテリアも。どこを切り取っても絵になります。自宅でホームカフェを楽しめるように、オリジナルのグラスやカトラリーも販売。おしゃれなおうち時間のお供にいかが？

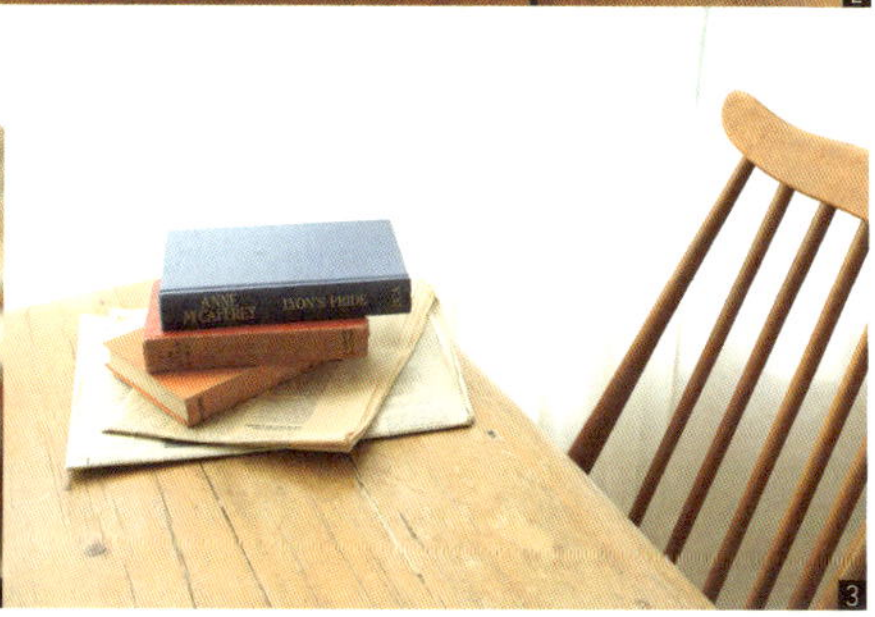

1 3 おうちのような雰囲気にほっこり 2 キャラメルチーズのクロッフル1480円、ブルーベリーとグレープのエイド850円 4 季節によってフルーツが変わるイチゴのソンカラティラミス1300円、カフェラテ600円

un weekend à home

アン ウィークエンド ア ホーム

1人1フード、1ドリンクの注文が必須。フードはいずれもボリューミーなので、お腹を空かせてカフェに向かいましょう。

京都・東山

なし

京都府京都市東山区松原町272-5 3F

東山駅2番出口から徒歩8分、祇園四条駅7番出口から徒歩10分

ゆったりとした時間を過ごしてください

계절별 테마 카페

季節別コンセプトカフェ

2

3

1

季節ごとに変わる ユニークな空間

「常に新しさを感じてほしい」という店主のチョイ・セファンさんの思いから、季節によって店内がガラッと変わるカフェ「I'm」。店名には「私らしさ、それぞれの個性」という意味が込められています。内装は大学時代にデザインを学んだことを生かしてチョイさんがすべて考えているそう。映画やアーティストからインスピレーションを受けたり、日常生活で感じたことを表現しています。

取材で訪れた時は、韓国で流行しているニュートロな雰囲気で、夕日が差し込むとネオンがステンドグラスのように光り幻想的な空間に。メニューも斬新で、看板メニューのソヨンラテはジャスミンティーに厳選したミルクを加えたオリジナルドリンクです。人気ベイクショップから仕入れるカヌレと一緒にどうぞ。

(左) レッドベルベットラテ580円
(右) ほうじ茶ラテ580円

写真はすべて2021年夏の取材時のインテリア 1 夕日が差し込む時間帯を狙って行くのもおすすめ 2 流行のサンセットライトがアートな雰囲気を演出 3 ゆったりくつろげるソファ席もあります 4 看板メニューのソヨンラテ550円、カヌレ400円 5 ドライフラワーもおしゃれなニュートロ風に 6 ネオンがいっぱい 7 ドアに手書きのハングル文字を発見！

6

4

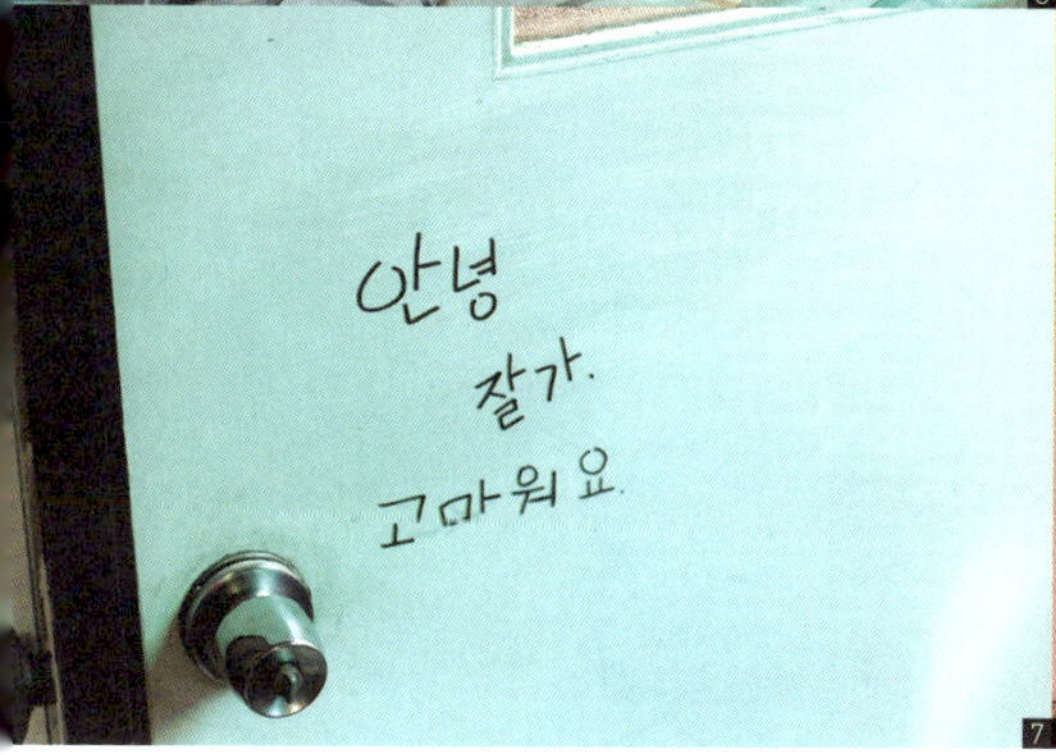

7

5

I'm

アイム

ヘアサロンを併設した個性的なカフェ。季節ごとに一新するインテリアが大きな魅力で、何度も足を運びたくなります。最新の内装はインスタで確認を。

大阪・福島

06-7506-6274

大阪府大阪市福島区鷺洲1-1-5 imas project

野田阪神駅3番出口から徒歩10分

過去のインテリアはこんな感じ

(左) レトロなタイル張りの入口　(右) クリアテーブルが置かれた2020年春～夏のインテリア

컵케이크

カップケーキ

かわいいが渋滞！
表情豊かなカップケーキ

「BUTTERCUP」はバタークリームをメインに使用したカップケーキ専門店。2021年7月にオープンするや否や連日若い女性を中心に行列ができています。コンセプトは、アメリカのブルックリンと韓国カフェの融合。パステルイエローに優しいホワイトのインテリア、大きなメニュー表、あえて雑多に置かれた棚の食材やエプロン——ただその空間にいるだけで、まるで外国にいる気分が味わえます。

そして神戸女子を虜にしているのは、なんといってもかわいすぎるカップケーキたち♡　オーナーがデザインを考案し、スタッフ全員で商品化しているそう。一番人気は愛らしいワンちゃんモチーフのRennyです。専門のパティシエが毎日作るカップケーキは持ち帰りもOK！　おうちカフェの主役にいかが？

1

2

3

京阪神

テイクアウトBOX
もかわいい♡

レモンケーキ550円
も人気!

仕事の合間にコーヒーとレモンケーキをテイクアウトする会社員もいるそう

キュートな系列店(P.134-135)のショップカード。全制覇を目指してみては?

甘酸っぱくて爽やかなレモンケーキ。しっかりした生地で食べ応えも満点です

1 全7種類のケーキがずらり。見ているだけでワクワクします 2 The Carrot、Greentea、Renny各500円 3 天井が高く開放的な店内 4 パステルイエローにホワイトの扉が目印 5 メニュー表やプライスカードはなんとウォン表記! 6 Lemon Fancy、Pink Poodle各500円

BUTTERCUP

バターカップ

カップケーキと一緒に楽しめるアメリカーノやラテのほか、ブラッドオレンジスムージーなどドリンクも豊富。期間限定のカップケーキも要チェック!

兵庫・元町

☎078-335-5567
兵庫県神戸市中央区栄町通2-3-5平崎ビル1F
元町駅西口から徒歩4分

4

5

6

화이트 & 심플

ホワイト & シンプル

1 明るい光が差し込む真っ白な店内 2 韓国から取り寄せた看板がシンプルかわいい♡ 3 この扉を開けるとコーヒーのほろ苦い香りがふんわり 4 クリームコーヒー650円 5 チーズケーキ650円 6 あんバター、アールグレイキャラメルのトゥンカロン2個セット各900円

スクエア型がかわいい!

シンプルな空間で カフェタイム

京都市の中心部から少し離れたエリアにある「Cafe Hush」は、関西の〝韓国っぽカフェ〟といえば外せない存在。真っ白な店内には「ハッシュブルー」と名付けられたスモーキーなブルーがアクセントに使われ、スタイリッシュな空間を演出しています。こだわりのインテリアだけでなく、グラスやお皿なども韓国から取り寄せたものだそう。それにちょこんとのせられたトゥンカロンが看板メニューの一つ。アメリカーノの上にクリームを重ねた、ほろ苦いクリームコーヒーとも相性ばっちりです。レジ横ではオリジナルグッズやかわいいキャンドルも販売されており、ケーキと一緒に購入して、推しのセンイル(誕生日)パーティーをする人も多いそう。思い思いに過ごせる居心地のよさも魅力です。

Cafe Hush

カフェ ハッシュ

ボトルミルクティーや焼き菓子も評判のカフェ。トートバッグやスマホケースなど日常を彩るオリジナルグッズも販売しています。Instagramからも購入可能。

京都・山科
075-600-2188
京都府京都市山科区竹鼻外田町8 エスポワール京都 1F
山科駅7番出口から徒歩7分

姉妹店も

＼ 너무 예뻐《ノムイェッポ》♡ ／

淡色に包まれた店内は、席ごとに雰囲気が異なります。マンゴースムージー 650円など

Chapter One

チャプター ワン

見た目もかわいいメニューの中でも特に人気があるのはプレッツェルサンデーやカヌレ、クロッフル。売り切れることもあるので、早めに行くのがおすすめ。

滋賀・膳所
077-524-7742
滋賀県大津市馬場2-3-5
膳所駅・京阪膳所駅から徒歩4分

내추럴

ナチュラル

有名韓国っぽカフェがリニューアル

2018年にオープンした「cafe no.」は、〝韓国っぽカフェ〟といえば必ず名前が挙がるカフェの一つ。2020年11月に移転し、ナチュラルテイストで落ち着く空間に生まれ変わりました。ビーンミラーやラタンチェアなど韓国の素敵なお部屋でもよく見かけるアイテムで韓国カフェを完全再現！　メニューもボトルドリンクやトゥンカロン、タルゴナラテなど、韓国の流行をいち早く取り入れています。ほかにも、ふわふわのココアパウダーがまるで雲のような「クラウドラテ」をはじめ、どれも〝かわいい〟が詰まったメニューばかり。おしゃれな店内とドリンクを一緒に撮影して楽しんで。

1 タルゴナラテ650円(右)、ストロベリーミルク(ボトル)600円(左) 2 陶器のフラワーベースもナチュラルカラーで統一 3 クラウドラテ600円、トゥンカロン(バニラ、オレオ)各380円 4 テーブルやイスはすべて異なるデザイン 5 ロゴ入りの鏡での撮影はマスト♡ 6 全面ガラス張り

1

2

3

4

6

5

cafe no. 堀江店

カフェ ナンバー　ほりえてん

2021年2月には姫路店がオープンし、ポップアップストアも随時出店。甘さ控えめのトゥンカロン専門店も大阪・北区にあるので、Instagramをチェック。

大阪・堀江

06-6147-3242
大阪府大阪市西区北堀江1-13-4
四ツ橋駅6番出口から徒歩3分

수제 디저트

手作りデザート

本格的なケーキを食べるならココ

2020年12月に人気韓国カフェ「cafe sketch」の姉妹店としてオープンした「DODAM Cafe」。韓国人シェフがイチから作っているケーキやスコーンは見た目のかわいさもさることながら、味も一級品！　韓国から材料を仕入れるほどのこだわりで、毎日手作りしているので売れ切れ次第終了とのこと。

　センイルケーキ（誕生日ケーキ）のオーダーもInstagramを通じて随時受け付けているので、テイクアウトして韓国風センイルパーティーもできちゃいます♡

DODAM Cafe

ドダム カフェ

韓国の流行を取り入れて空間＆メニュー作りをしているため、2021年10月下旬にリニューアルを実施（写真はリニューアル前のもの）。

大阪・堀江

なし

大阪府大阪市西区南堀江1-22-18 ナイロンビル3F

四ツ橋駅6番出口から徒歩6分

＼ 系列のカフェ＆
韓国雑貨店も♡ ／

cafe sketch

カフェ スケッチ

韓国の小さなカフェをイメージ。遊び心あるポップな装飾とかわいいスイーツが雰囲気にマッチしています。

大阪・堀江
なし
大阪府大阪市西区北堀江
1-15-11 クリック北堀江2F
四ツ橋駅6番出口から徒歩4分

Nulpum studio

ヌルプム スタジオ

2021年9月に移転オープン。ワッペン300円、付箋250円などオリジナルキャラクターのグッズを販売。

大阪・堀江
なし
大阪府大阪市西区南堀江
1-22-3 TK南堀江ビル1F
四ツ橋駅6番出口から
徒歩6分

1

3

2

5

4

写真と商品はすべてリニューアル前のもの 1 2 5 2021年夏の撮影時はミッドセンチュリーモダンなインテリア 3 本日のスコーンやクッキーが店頭にずらり 4 ハングルで社名と店名が書かれた壁は、韓国旅行気分になれるフォトスポット 6 スコーンクリーム（ストロベリー）600円 7 クリームたっぷりきなこチーズケーキ700円 8 ボトルドリンク（ミルクティー）700円

6

7

8

조선시대 골동품

李朝アンティーク

京都で韓国文化にどっぷり浸る休日を

「李朝喫茶 李青」の分厚い木の扉を押して入ると、そこは李朝時代の韓国。暗めの照明にカヤグムの音楽が静かに響きます。土壁を残し、床は朝鮮張りに。「李朝時代の韓国を知ってほしい」と建築家と打ち合わせを重ねて作った貴重な空間です。李朝家具や骨董品を配した美しい店内には、李朝時代の伝統工芸や美術に関する書物も並びます。商品には「体にいいものしか提供しない」と選び抜いた食材のみを使用。14種類の成分からなる韓方茶に入ったなつめや松の実は、韓国産で無農薬。これまで韓国伝統茶やお菓子を味わう機会がなかった人も、こちらで気軽に体験できますよ。

李朝喫茶 李青

りちょうきっさ りせい

韓国冷麺やトックなど季節の軽食も提供。ランチ後にゆったりと韓国伝統茶を楽しむのもおすすめ。美しい白磁の器などテーブルウェアにも注目です。

京都・出町柳

075-255-6652

京都府京都市上京区梶井町448-16

出町柳駅1番出口から徒歩6分

1 季節によって表情を変える入口 2 韓国骨董品や雑貨の販売も。真鍮スッカラ各2200円 3 韓国風格子の障子と李朝箪笥（だんす） 4 読書したり骨董品を眺めたり思い思いの時間を過ごして 5 医者や薬屋が薬剤を入れるのに使った薬箪笥 6 韓国・慶州の天然五味子の五味子茶700円

4

6

5

떡 디저트

お餅デザート

2

4

3

1

できたてのお餅が食べられるカフェ

韓国人夫妻が営む「ドゥドジカフェ」。長屋をリノベーションし、吹き抜けから光が入り木の温もりが感じられる空間はホッと一息をつきたくなります。自慢のお餅はどれもイチから手作りで、心に染みる優しい味。なかでも看板メニューのにんじんソルギ(米粉のお餅)はふわふわの食感。甘さ控えめで、ほんのりニンジンの風味が口の中に広がります。

ドゥドジカフェ

どぅどじかふぇ

四季を感じることができるように、少しずつメニューが変わるのも魅力。素敵なオーナー夫妻が迎えてくれるので、ホッとしたい時に行きたいカフェです。

大阪・鶴橋

なし

大阪府大阪市生野区桃谷
3-15-13

鶴橋駅東改札口から徒歩13分

6

5

1 グレープフルーツのチャモンエイド600円、にんじんソルギ650円 2 オープンキッチンでメニューを手作り 3 居心地のいいナチュラルなインテリア 4 長屋らしさをいかした外観 5 きなこ味のインジョルミワッフル700円 6 ヨモギミスカルラテ650円

공장 리모델링

工場リノベーション

3

2

1

5

4

一風変わった ラテが味わえる

工場をリノベーションした広々とした空間が「まるで韓国のカフェみたい！」と話題の「cafe NAMS」。ドリンクも凝っていて、二層仕立ての塩ラテは飲みやすいアメリカーノの上にほんのり塩味の効いたフォームをのせたもの。注文すると店員さんが目の前でフォームをグラスに注いでくれます。自家製のオレンジペーストを使用した爽やかなオレンジラテもおすすめです。

cafe NAMS

カフェ ナムス

住宅街という穴場の立地ながら、SNSで話題となり大人気。二階建てのスタイリッシュな店内で、ユニークなドリンクとスイーツを楽しみましょう。

大阪・北加賀屋

06-7777-3294

大阪府大阪市住之江区北加賀屋2-5-31

北加賀屋駅出口4から徒歩3分

6

1 2 コンクリートを基調とした店内 3「南」と書かれた看板は目印でもあり、人気のフォトスポット 4 塩ラテ650円（左）、オレンジラテ650円（右） 5 お気に入りの席を見つけてゆったり過ごしましょう 6 エスプレッソをかけて食べるクラウドティラミス650円

한글 포토존

ハングルフォトスポット

2

1

フォトスポットがある 韓国カフェ3選

韓国カフェに行ったら押さえておきたいのが、ハングルが書かれたフォトスポット。店名やフレーズが掲げられた壁の前で写真を撮れば、まるで韓国にいるかのような気分を味わえます。

人気の韓国っぽカフェ「cafe BPM」や「하늘《ハヌル》 카페《カペ》」にはフォトスポットの前に撮影用のイスが置かれていて、一人でもドリンク片手に雰囲気のある写真が撮れちゃいます。

1

1 まるで野外にいるかのように演出された店内は、すべてがフォトスポット。どこで写真を撮ろうか迷っちゃう！ 2 駅チカで迷うことなくカフェに行けるところもGOOD 3 流行りのクロッフル700円も店内の雰囲気とあいまってよりおいしく感じられます

K-POPアイドルの誕生日イベントをたびたび開催している「Cafe 반짝《パンチャ》반짝《パンチャ》」では、推しのカップホルダーやデコトレカを持って撮影するのもいいかも!? ほかのお客さんと譲り合いながら、思い思いに楽しんで。

1

1 ひときわ目を引くドリンクはビエンナコーヒーにお団子を追加したもの(650円、トッピング代含む) 2 店名が書かれた壁はとっておきのフォトスポット 3 テイクアウト用のカップにもハングルの店名が。お店ではBGMをリクエストできるので、お気に入りの曲をかけてもらいましょう

3

1 やわらかなイエローで統一された店内はとってもキュート♡ 2 店名の반짝반짝(キラキラ)が書かれたコーナー 3 この壁の前で写真を撮るのが定番！

Cafe 반짝반짝

カフェ パンチャパンチャ

「日本で1番おしゃれにオタ活できるカフェ」がコンセプトで、オタクにとって夢の空間♡　カップホルダーイベントも行われているのでインスタをチェック。

大阪・住吉区

なし

大阪府大阪市住吉区長居3-6-20

長居駅西口から徒歩3分

cafe BPM

カフェ ビーピーエム

2021年5月オープン。店内の壁にはハングルで店名が書かれています。メレンゲサンドやカラフルなケーキなどスイーツも豊富。

大阪・塚本

06-6195-9972

大阪府大阪市淀川区塚本2-21-5

塚本駅東口から徒歩2分

3

2

3

2

하늘 카페

ハヌル カペ

店名は韓国語で「空カフェ」という意味。壁も机も真っ白で写真映え確実。ハングル入りのマグカップなどグッズの販売もしています。

大阪・鶴橋

なし

大阪府大阪市天王寺区寺田町1-1-3 1F

寺田駅北出口から徒歩7分

뚱카롱

トゥンカロン

1

真っ白なお店で
真っ白なトゥンカロンを

「un weekend à home」（P.128）、「BUNBUNBUNSIK」（P.162）の姉妹店で、同じビルの4階にある「noncaron」。韓国スイーツの定番で「太っちょなマカロン」という意味のトゥンカロンの専門店で、関西でトゥンカロンといえば必ず名前が挙がる大人気店。休日は開店前から行列ができるほどです。

一番の特徴は、着色料を一切使わず真っ白なこと。中のクリームも素材の色を生かした優しい色味で、甘さもほどよく何個も食べたくなってしまいます。フレーバーは定番と季節限定を合わせて常時10種類前後で、きれいなビジュアルは手みやげにもぴったり。カフェスペースにはルーフトップのテラス席もあり、秋になると東山の鮮やかな紅葉を眺めることもできます。美しい景色とおいしいトゥンカロンに癒されて。

2

1 数量限定のいちごミルク850円、キウイエイド730円。トゥンカロンはラズベリー 500円、レアチーズ＆ストロベリー 550円、アールグレイ420円、ブリュレ480円 2 真っ白なルーフトップテラス 3 かわいらしいトゥンカロンがずらり♡ 4 テイクアウトも可

3

ビルの前の看板を探してね

noncaron

ノンカロン

従来のカフェ店舗に加え、2021年5月にはすぐ隣にテイクアウト専門店が誕生。美しいトゥンカロンがショーケースに並びます。

京都・東山

なし
京都府京都市東山区松原町272-5 4F
東山駅2番出口から徒歩8分、祇園四条駅7番出口から徒歩10分

4

COLUMN 6

丸ごと一棟韓国っぽ!?

噂の韓国ビル

を大解剖!

한국 빌딩

大阪で韓国旅行をしている気分になれるスポットが誕生。インスタ映えもばっちり！

3F サムギョプサル・テバクチキン ウルトラソウル 梅田店

ソウル・江南にあるスタイリッシュな焼肉店を再現。サムギョプサルのほか一品料理も豊富。テバクチキン3600円

梅田韓国ビルディング

うめだかんこくびるでぃんぐ

ビルの1～3階に4店舗あり、全フロアがフォトジェニックな空間♡　本格的な韓国料理から流行グルメまでそろい、韓国を体感できます。

大阪・梅田

06-6467-4270(ソウルラブ)

大阪府大阪市北区堂山町16-13 梅田韓国ビルディング

梅田駅から徒歩5分

※バーコードはソウルラブのもの

2F ソウルラブ

若者の町・弘大がテーマ。ピンクのドラム缶やネオンがかわいい。個室席はDVDの持ち込みが可能。エビロールサムギョプサル1380円

1F コグマラブ

コグマリッチ
バニラ450円

「コグマ」は韓国語でサツマイモのこと。甘みが強い紅はるかにアイスやきなこをオン！

1F 韓国焼肉‰食堂

韓国の大衆的な焼肉店をイメージ。ドラゴン壺カルビ1628円など。予約限定の食べ放題90分2178円も！

KYOTO OSAKA KOBE

GOURMET

맛집

グルメ

京都で突然、韓国屋台街に迷い込んだ!?

1 1階はソウルの屋台街の雰囲気そのもの！　壁紙は実際に明洞を撮影した写真だそう 2 360度どこを見渡してもハングルだらけです 3 ピンクのドアをくぐると、そこはもう韓国！

낙곱새

ドアをくぐれば渡韓気分!?

韓国屋台な空間でナッコプセ（タコとホルモンとエビの鍋）

韓国屋台料理とナッコプセのお店 ナム 西院店

かんこくやたいりょうりとなっこぷせのおみせ なむ さいいんてん

オンラインでナッコプセやチュクミサムギョプサル（イイダコと豚バラ炒め）のお取り寄せにも対応。自宅でも気軽に韓国・釜山の味を楽しんで。

京都・西院

075-754-7694

京都府京都市右京区西院高山寺町12-14

西院駅西改札口から徒歩1分

すべてが韓国！
旅行並みの満足感あり

ピンクのドアを開けると見覚えのある韓国の風景が目に飛び込んできます。ここは「五感で感じる韓国」がテーマの「ナム 西院店」。使用している食器類はもちろん、看板やマンホールまで（！）韓国から仕入れたんだとか。ホルモンと特製ダシの甘みが効いたピリ辛のナッコプセでソジュ（焼酎）やメクチュ（ビール）を飲み交わしたら気分は韓国旅行！

4 屋台の看板や吊り広告までリアルに韓国を再現 5 2階はテントポチャ(屋台)風 6 ポチャの定番、赤と青の机と椅子 7 横断歩道や電柱、道もまるで韓国！

2種のチーズがのび～る

8 ナッコプセ(2人分)2198円は必食！ 9 トッポギ418円 10 チーズがたっぷりのった炒飯、マニマニチーズポックンパ748円

고깃집

このオシャレ感、まさに韓国！

スタイリッシュに熟成サムギョプサル

口いっぱいに広がる
豚肉本来の旨み

適度な焼き加減で
召し上がれ

Aセットはサムギョプサル、肩ロースとモモで、すべて熟成肉。風味を邪魔しない塩、ホワイトペッパー、ごま油だけのシンプルな下味が付けられ、旨みがギュッと凝縮されています。まずはそのまま食べてみて！

2

1

3

まるでホントのトウモロコシ!

4

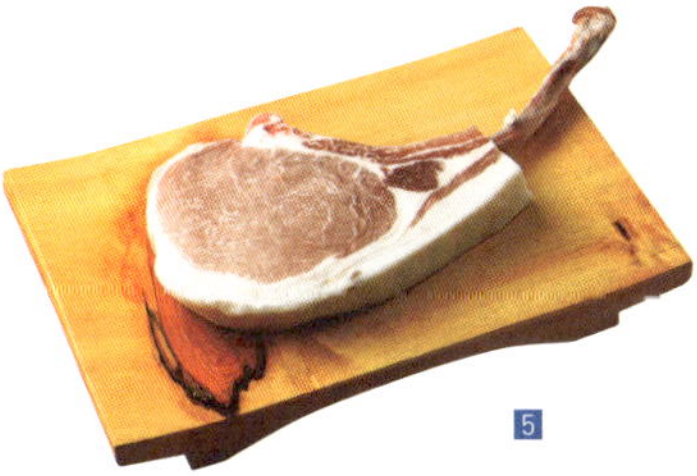
5

1 黒を基調としたシックな空間 2 メイン通りを一本入ったところにある隠れ家のような場所 3 厚切り豚肉の盛り合わせAセット500g 5090円 4 ポタージュのような味わいのトウモロコシアイス990円 5 骨付ロース 250g 2390円

韓잔 [hanjan]

ハンジャン

熟成サムギョプサルを提供。韓国のお酒はもちろん、ワインやウイスキーも豊富で、22時からはバーに変身。カウンター席で大人の時間を過ごす夜も素敵！

京都・西木屋町

075-275-7560

京都府京都市中京区高瀬川筋四条上る紙屋町672 永原ビル1F

京都河原町駅1A出口から徒歩1分、祇園四条駅4番出口から徒歩3分

和×韓が出合った上質な国産豚焼肉

「韓잔［hanjan］」は京都初の熟成豚焼肉を提供するダイニングバー。モダンな店内でワンランク上のサムギョプサルを楽しめます。国産豚肉を用い、季節によって異なる肉の状態に合わせて熟成日数を変えているそう。独自の方法で熟成させた豚肉に合わせるソースは、十数年もの間、日本で経験を積んできた韓国出身の店長を中心に開発。梅キムチソース、味噌マヨソースなど、和テイストも感じられます。

ネオンライト×セルフ焼肉

神戸で肉を食べるならココ！

고깃집

映えもおいしいも
妥協できないならココ

1 サムギョプサル野菜付き（2人前）2420円
2 厚切りのサムギョプサルは自分で焼くスタイル♪

神戸サムギョプサル 本店

こうべさむぎょぷさる ほんてん

2021年2月にリニューアルし、ネオン輝くインテリアに。お店で使用している自家製タデギ（味付け味噌）の販売も行っており、これも絶品！

兵庫・県庁前

078-321-7233
兵庫県神戸市中央区山手通4-14-3
元町駅東口から徒歩10分

3 韓国語で「小さい唐辛子がより辛い」と書かれたピンクネオンの前の席が一番人気 4 韓国のソジュ（焼酎）とジュースがずら〜り 5 韓国の若者言葉が書かれたボードが壁に！

甘辛いヤンニョムケジャン（4P）1320円

そのまま食べても野菜で巻いてもおいしい

神戸のサムギョプサルといえば必ず名前が挙がる名店「神戸サムギョプサル」では、お肉の味をよりアップさせる工夫が光ります。そのまま焼くだけでおいしく食べられるよう、塩ダレ、唐辛子、ニンニクやごま油などでしっかり下味が付いています。また、セルノでも上手に焼けるようにすべてカットされた状態で提供されるので安心。サムギョプサル以外も「ホルモン盛合せ」（990円）や「タン」（1045円）など、さまざまな部位がリーズナブルに食べられます。

ハングルのネオンが目印

味もスタイルも超本格派！

五感で味わうヤンコプチャン（ホルモン）

"韓国風"ではなく 本物の釜山を京都に

京町屋が韓国食堂のデザインをまとった、外観だけでも思わず入りたくなる「ミリネヤンコプチャン」。オーナーのモットーは「韓国でも人気が出るお店を作ること」。食器や内装だけでなく接客方法までも現地に寄せる徹底ぶりです。牛ホルモンは、釜山で出会って虜になったというヤンコプチャン×卵黄がのったキャベツサラダの組み合わせを参考に開発。唯一無二の味です。

ミリネヤンコプチャン

みりねやんこぷちゃん

大人気のホルモン焼き店。ランチタイムには韓国のスープを中心に提供。2021年10月には、ある曲をイメージした韓国食堂「ハハハ」もオープン。

京都・寺町仏光寺

075-285-2808

京都府京都市下京区中之町558

京都河原町駅10番出口から徒歩5分

4 ミノやマルチョウなど4種類の部位がセットになった炭火で焼く牛ホルモン塩焼き2300円（2人前） 5 味噌チゲ700円 6 ごま油が効いた締めの焼き飯500円

1 釜山のホルモン焼き通りを思い出させる店内。エアコンは現地風に縦長のものを設置 2 テーブル番号は屋台の住所風 3 ブロックごとに店員さんが常駐。ホルモンは目の前で焼いてくれてライブ感たっぷり♪

소곱창

プリプリとろける牛ホルモン♡

ソコプチャン（牛ホルモン）を大阪で

大きくて豪快な韓国式ホルモン焼き

2018年、大阪初の韓国式牛ホルモン焼き店としてオープンした「ソウルゴプチャン」。一つ一つが大きいホルモンは、噛むたびに旨みたっぷりの脂がジュワッとあふれ出てきます。おすすめの食べ方は、焼いたニンニクとホルモンを一緒にタレにつけてパクリ♡　タマネギなど野菜もたくさん付いてくるので、お好みの食べ方を見つけてください。ホルモン焼きのセットメニュー（小6050円）は2人でちょうどいいボリューム。締めの焼き飯や選べるサイドメニューまで楽しめるので、大満足間違いなしです。

1 牛ホルモン焼きのソウルゴプチャン塩焼き（2人前・小4180円） 2 セットメニューのサイドで選べる純豆腐チゲ（スンドゥブチゲ） 3 セットメニューの焼き飯に330円でチーズをトッピングできます 4 店内に飾られた韓国の名所の写真 5 赤い壁が目印

オソオセヨ～♪（いらっしゃい）

ソウルゴプチャン

そうるごぷちゃん

フレンドリーなオーナーが営む韓国式ホルモン焼き店。塩焼きと甘辛のヤンニョム焼きから選べます。大阪でコプチャンが食べたくなったらココへ！

大阪・谷町

070-2675-2177
大阪府大阪市中央区高津1-2-19 明正ビル1F
谷町九丁目駅出口2から徒歩3分

소갈비

元祖店が日本上陸！

ドラム缶で立ち食い焼肉

1

甘辛タレがたまらない ヤミツキ牛カルビ

ソウル・新村にある牛カルビ専門店の姉妹店「延南ソ食堂」。本店は1953年に創業し、デポチッ（大衆居酒屋）からスタートしました。練炭がセットされたドラム缶を囲んで立って食べる昔ながらのスタイルを守り、2013年には未来に残したい韓国の食文化「ソウル未来遺産」にも登録。ここ大阪でも、メインメニューは骨付き牛カルビのみ。脂がのった肉はやわらかくてジューシー。本店から取り寄せた醤油にニンニク、長ネギなどを加えた甘辛い秘伝のタレをつければ、箸が止まらなくなります！

3

2

4

5

1 牛のソソカルビ（1人前）1980円。秘伝のタレをつけて食べます 2 ドラム缶が並ぶ店内 3 サクサク食感が人気の海鮮チヂミ（2～3人前）1050円 4 キュウリキムチ390円 5 白菜キムチ390円

延南ソ食堂《ヨンナムソシッタン》 大阪本店《おおさかほんてん》

日本人観光客にもファンが多いソウルの老舗店が大阪に進出。ドラム缶を囲んだ立ち食いというスタイルだけでなく、カルビには本店同様に辛くない青唐辛子が付いてくるなど再現度の高さに感激！

大阪・日本橋

06-4708-4121
大阪府大阪市中央区日本橋1-10-15
近鉄日本橋駅7番出口から徒歩1分

36時間タレに漬け込んだ
やわらかな豚カルビ

돼지갈비

何度でも通いたくなる！

オモニの特製味付けカルビ

1 デジカルビセット（2人前）3630円。辛くない豚カルビと辛い豚カルビの2種類から選べます 2 韓国出身のオーナーが手作り 3 豚カルビが焼き上がったら、サンチュやエゴマの葉に包んで召し上がれ

4 アットホームな雰囲気の店内 5 カンジャンケジャンセット（1匹）4800円（季節により価格変動あり）。おかず3品、韓国味噌チゲ、ビビンパが付きます 6 キラキラネオンが光る看板が目印です 7 ゆで豚肉をキムチや葉野菜に包んで食べるポッサムセット（1人前）3800円

通いたくなる オモニの家庭料理店

韓国で韓国料理調理技能士の資格を取得したオーナーが営んでいる「こばこ」。一度訪れると何度もリピートしたくなる理由は、化学調味料を使用しない手作りの料理の味とオーナーの人柄のよさ。「料理を作っている瞬間が一番好きで楽しい！」と話すオーナーは、常連客のオモニのような存在です。看板メニューの味付け豚カルビは秘伝のタレで36時間じっくり寝かせたもの。脂っこくなく、やみつきになる味わいです。

こばこ

繁華街に位置する韓国家庭料理店。「オモニの料理を家でも味わえるように」とオンライン販売も開始。おうちでも本格的な料理が堪能できます。

大阪・道頓堀
06-6212-0833
大阪府大阪市中央区道頓堀1-5-4
なんば駅14番出口から徒歩5分

분식

キンパもチキンもトッポッキも！

サクッと気軽にLet'sプンシク♪

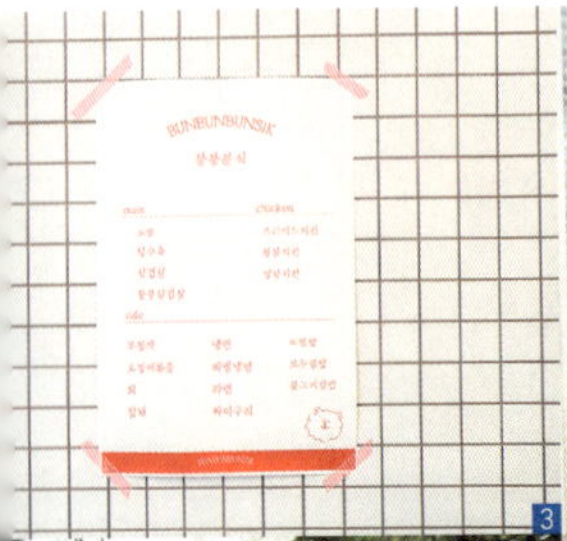

1 自然光が入るカフェのような店内でサクッとランチ 2 テーブルは全7席。レザーチェアとホワイトのインテリアにキュン♡ 3 ハングルのメニュー表は韓国のプンシク店風にテープでぺたり 4 見上げると看板犬ちょあさんがモチーフのロゴが！

リピート必至のおしゃれプンシク店

気軽に楽しめるプンシク（軽食）店が2021年7月、京都に誕生。シンプルかわいい内装は、友人やカップル同士はもちろん一人でも入りやすい雰囲気です。「お店に何度も来てほしい」と、インテリアだけでなく料理の味にも一切妥協なし！ 衣がサクサクになるよう何度も試作したチキン、コチュジャンダレによく絡むようお餅を特注したトッポッキなど、こだわりのメニューがリーズナブルに味わえます。

BUNBUNBUNSIK

ブンブンブンシク

プンシク店の定番メニュー、キンパ（海苔巻き）やトッポッキのほか、チキンや厚切りで肉汁たっぷりのサムギョプサルなどを提供。お酒も飲めます。

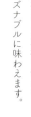

京都・東山

075-746-7723

京都府京都市東山区松原町272-5 2F

東山駅2番出口から徒歩8分、祇園四条駅7番出口から徒歩10分

あれもこれも食べたい！
こだわりの韓国料理

プルコギキンパ550円、トッポッキ550円、ブンブンチキン1200円

1

高タンパク、繊維たっぷりで美容に◎

국, 찌개

トンネ（町）の小さな食堂で

ほっこりスープに癒される

疲れも吹き飛ぶ滋味深いスープ

京都の韓国料理店で唯一ミシュランガイドのビブグルマンに選ばれ、2021年で5年連続輝いている「ピニョ食堂」。女性一人でも安心して食べに来てもらえるようにとオーナー夫妻がこだわって作ったお店はこぢんまりとしていて温かい雰囲気。メニューはスープをメインにした定食スタイルが基本です。日本ではあまりお目にかかれないコンビジチゲは、美容や健康にいいとされ女性人気No．1。いりこダシとすり潰した大豆をベースに、豚肉、キムチなどが入ったクリーミーで濃厚なスープです。まずはスープをそのまま、次にご飯を浸しながら味わうのがおすすめの食べ方。定食に付く雑穀米は滋賀県の農家から直接仕入れていて、みずみずしく、ふっくら。包み野菜でご飯と辛味噌を巻いて食べてもおいしいですよ。

こちらも人気の
ソルロンタン

1 コンビジチゲ定食（包み野菜付）1150円 2 すね肉と牛骨を8時間煮込んだソルロンタン定食1100円 3 カウンター席がメインの店内

4 趣のある外観 5 アミエビの塩辛や酢醤油とカラシを付けて食べる、牛すね肉のスユッ 800円 6 椎茸、ニラ、タマネギのヂョン（3枚セット、具は日替わり）450円

ピニョ食堂《ぴにょしょくどう》

スンドゥブなどのスープのほか季節限定メニューも。夏には冷麺、それ以外の季節には見た目も美しい野菜たっぷりのピビンパを味わえます。

京都・三条

075-746-2444

京都府京都市左京区孫橋町18-3

三条駅11番出口から徒歩3分

삼계탕

滋養スープを御膳で味わう

こだわり参鶏湯《サムゲタン》専門店

鶴橋の名店による新スタイルの参鶏湯

ちょっと大人の空間で極上参鶏湯はいかが？

大阪・鶴橋で40年以上の歴史を持つ韓国料理の名店「韓味二」がルーツの「蔘鶏湯 人ル」。創始者の朴三淳氏が実際に暮らしたという場所に2021年7月にオープンしました。メニューは参鶏湯と多彩なおかずを味わう蔘鶏湯御膳のみ。代々レシピを受け継いだこだわりの参鶏湯は、鶏半分にもち米、なつめ、高麗人参などを入れて長時間煮込んだもの。食材のエキスが染み出た、優しくあっさりとした味わいの参鶏湯は、体を芯から温めてくれます。

1 目の前でトゥッペギ（小鍋）をぐつぐつと調理 2 照明を落とした上品な雰囲気の店内。席数は全9席で60分ウェブ予約制

クコの実とネギ
錦糸卵が鮮やか

参鶏湯御膳1800円。参鶏湯に自家製韓国海苔の佃煮、白菜キムチ、チャプチェ、豆もやしナムルなどおかず7種類が付きます

秘伝のタレで味変!

パクチーチップ
クセになる独特の風味が意外と合う

ヤンニョンケジャンジャン
ワタリガニを漬けた唐辛子味のタレ

カンジャンケジャンジャン
ワタリガニを漬けた醤油ダレ

コチュジャン
「韓味一」で受け継がれる特製ダレ

蔘鶏湯 人ル

サムゲタン にる

参鶏湯と楽しみたい各種お酒もそろいます。なかでも福順都家(ボクスンドガ)のマッコリは、まろやかな口当たりに清涼感もありおすすめ。

大阪・鶴橋
06-7221-0710
大阪府大阪市生野区桃谷4-1-11
鶴橋駅東改札口から徒歩20分

ヤンニョンケジャンジャンを入れると参鶏湯がピリ辛に!

곰탕

韓×日のおいしさが凝縮！

近江牛で作る絶品コムタン

レトロな食堂で
本格コムタンを堪能

1 徐家特製近江牛テールスープセット1280円 2 肉を酢醤油ベースの特製ヤンニョムにつけてもさっぱりしておいしい

大きな
韓国蒸し餃子

3 一つ一つ手で成形しているモチモチ生地の韓国蒸し餃子（5個入り）680円。牛ミンチやニンニクの入ったタレをつけて食べてみて

ヤンニョムで味変！

4 入口のハングルやソジュ（韓国焼酎）にテンションアップ **5** 大きなトタンの看板はなんと手書き！ **6** 厨房もソウルの裏路地にある食堂さながらの雰囲気 **7** インスタントラーメンや韓国海苔など食料品も販売

＼ こちらも必食！ ／

牛テールのニラ醤油漬け 小
（1～2人前）1200円＋素麺 300円

↓

まずは全体が混ざるようによくかき混ぜ、そのまま食べます

↓

ホロホロの牛テールをたっぷり堪能したら締めに素麺を投入

↓

特製酢醤油とニラを素麺によく絡めて一気に食べましょう

서가식당

ソガシッタン

「ソガシッタン」とは徐家食堂という意味。看板のモデルになった女性はオーナー徐さんのオモニ（お母さん）。幼少期に食べた徐家の家庭料理がソガシッタンで提供されるメニューの原点です。

京都・東山

075-741-8129
京都府京都市東山区祇園町北側347-9
祇園四条駅7番出口から徒歩5分、京都河原町駅1A出口から徒歩8分

長時間煮込んだ とろとろ牛テール

韓国スープ専門店の「ソガシッタン」。ソウル・明洞《ミョンドン》の裏路地にある食堂をイメージして作られた店舗が、韓国の雰囲気そのまま！と話題のお店です。看板メニューの牛テールスープは近江牛テールを12時間も煮込み、山菜もたっぷり。余計な味付けはせず、素材そのものから出た旨みを大切にしています。スープに入った大きな牛テールは口の中でふわっととろけて、疲れた体に染みわたる優しい味わいです。

치킨

サクサク&ジューシーがヤミツキに!

今夜はポチャでフライドチキン

聞こえてくる
韓国語も心地いい

1

1 2度揚げで衣がサクサク！　フライド・ヤン＿ョムチキンのハーフハーフ(2～3人前)3500円 2 釜山から取り寄せている練り物が主役のおでんタン1850円。ピリ辛ダレをつけて味変してもおいしい

2

二次会利用も
大歓迎です

揚げたてチキンをネオン輝く店内で

ポチャ（屋台）風の店内でこだわりのチキンが味わえる2店舗をピックアップ。ハングルの店名が輝く「ろぶた ポチャ」は、にぎやかな雰囲気も韓国のポチャそのもの！ チキンをはじめどの料理もボリューム満点なので複数人でシェアして。大阪と兵庫に6店舗ある「チカチキン」は、165℃の油で揚げた軽い衣とジューシーな肉質が特徴。甘口の餅入りヤンニョムチキンも必食です。

甘口ヤンニョムチキン・チーズパウダーチキンのハーフハーフ3278円、ロゼトッポッキ1078円など

テイクアウトもできます

韓国通が推す カリカリ衣のチキン

韓国居酒屋 ぶりや チカチキン 心斎橋店

かんこくいざかや ぶりや ちかちきん しんさいばしてん

「ここよりおいしいチキンは知らん！」と言う韓国通も多い人気チキン店。チキンと一緒に食べたいチーズボール748円などサイドメニューも豊富。

大阪・心斎橋

06-6125-5830
大阪府大阪市中央区東心斎橋2-4-19 玉屋町ギャラクシー3号館2F
心斎橋駅5番出口から徒歩8分、長堀橋駅7番出口から徒歩5分

ろぶた ポチャ

ろぶた ぽちゃ

いろいろなメニューがある韓国のポチャをイメージして作られた店舗。丸鶏1羽を解体するところからお店で行うというチキンなど、釜山出身のスタッフによる料理はどれも大好評！

京都・烏丸御池

075-741-7703
京都府京都市中京区菱屋町33 珠光ビルB1
烏丸御池駅5番出口から徒歩3分

중국요리

中国生まれ、韓国育ち。

キテます、韓国式中華

4

2

老若男女に愛される
韓国式ジャージャー麺

3

こだわりの
味をどうぞ

1 クセになる辛さのチャンポン1000円 2 シーフードが入った甘味噌ダレがかかった三鮮ジャージャー 1200円 3 韓国式酢豚タンスユク1000円 4 よく混ぜてから食べるのが韓国式

幸福餃子館（幸福飯店）

しあわせぎょうざかん しあわせはんてん

釜山出身の仲良し夫婦が営む韓国式中華料理のお店。チャンポンやチャジャン麺だけでなく、水餃子や釜山名物のテジクッパも大人気！

大阪・日本橋

06-6212-7817
大阪府大阪市中央区
瓦屋町3-7-1 松屋町ビル1F
日本橋駅7番出口から徒歩6分

韓国人が通う本場の味を大阪で

韓国では真っ赤なチャンポン、チャジャン麺（ジャージャー麺）といった韓国式の中華料理がメジャーな存在。韓国語が飛び交う店内で、そんな韓国式の中華料理を味わえるのが「幸福餃子館（幸福飯店）」です。関西に住む韓国人の間で口コミが広がっている隠れた名店で、本場の味にこだわり、麺から手作りしています。三鮮ジャージャーは太いストレート麺がソースにしっかりと絡み、コクがあり絶品。ぜひ味わってみて。

토스트, 부대찌개

あまじょっぱがクセになる

韓国トースト&ピリ辛プデチゲ

気軽に食べられる韓国トースト&プデチゲ

具材がたっぷり挟まれ、日本のいわゆるトーストとはまったく異なる韓国トースト。堀江に位置する「オッテ」では、これを日本に広めたいと考えたオーナーが試行錯誤して作り上げた5種類の韓国トーストを味わうことができます。また、ソーセージなど12種の具材がたっぷり入ったプデチゲも看板メニュー。毎日手作りするスープが決め手で、1人前から注文できるのもうれしいところ。

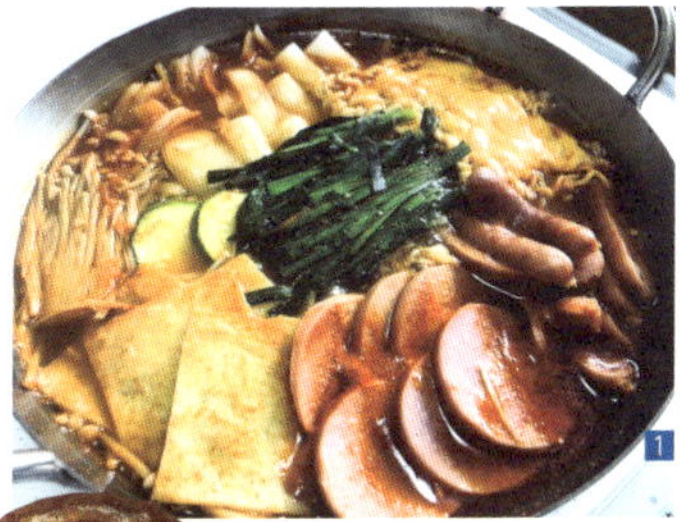

1 ピリ辛鍋のプテチゲ1280円（1人前）。オンライン通販でも購入できます 2 マヌルパン480円は数量限定。ニンニク好きは虜になること間違いなし

ポップな看板が目印です

어때 オッテ

おって

韓国トーストと1人前から注文できるプデチゲが売りで、マヌルパンなどの流行フードも提供。カウンター4席のみなので、テイクアウトもおすすめ。

大阪・堀江

070-2314-2221

大阪府大阪市西区北堀江1-22-21

西大橋駅4番出口から徒歩3分

プルコギ600円（右）、ハム・チーズ・エッグ530円（左）。韓国のジュースと合わせてどうぞ

COLUMN 7

平壌冷麺

日本発祥の地へ!

평양냉면

1 オーダーが入ってから麺を作り始めます 2 ガラス張りの入口には「元祖 平壌冷麺屋」の文字が 3 創業当初の写真が店内に飾られています

1939年創業の老舗で日本最古の平壌冷麺を

平壌冷麺は朝鮮半島北部発祥の伝統的な家庭料理。そばの実で作る麺にトンチミ(大根の水キムチ)を加えた牛肉のスープを合わせ、酸味と甘みがあるさっぱりした味わいです。「元祖平壌冷麺屋」は日本で初めて平壌冷麺の提供を始めた老舗。四代にわたり受け継がれる味は、一度食べたら忘れられないおいしさです!

スペシャル
(ロース焼肉入り)
1300円

自家製タレで味付けたやわらかくジューシーな牛肉ロースをトッピング。ちょっぴり贅沢な一杯

冷麺(小)
700円

水キムチ、ゆでた牛肉&豚肉、キュウリ、ゆで卵のみを添えた、素朴ながら歴史を感じる味わい

ピビン麺(小)
750円

特製ヤンニョムを絡めた甘辛でコクがある汁なし麺。麺に付いてくるスープが辛さの箸休めに

家族4代で伝統の味を守っています

元祖平壌冷麺屋《がんそへいじょうれいめんや》 本店《ほんてん》

1939年の創業以来変わらない味が魅力で、50年以上通い続ける常連客もいるほど。長田川西店と久保町店もあり、すべて親族のみで運営しています。

兵庫・新長田

078-691-2634

兵庫県神戸市長田区細田町6-1-14

新長田駅東出口から徒歩2分

KYOTO OSAKA KOBE

FASHION &BEAUTY

패션 뷰티

ファッション、ビューティー

2

1

패션 K-FASHION 韓国っぽブランドを大阪で体感！

3

アイテムのデザインはもちろん、ショップの世界観も韓国の街角からそのまま日本へやってきたような心躍るブランドが大阪に登場！

4

DAYDAY osaka

デイデイ オオサカ

2019年に誕生。ストリートテイストにユニセックスならではのカジュアル＆キュートなデザインを合わせたオリジナルのファッションアイテムを展開。

大阪・枚方

非公開

大阪府枚方市楠葉町1-30-3

樟葉駅から徒歩10分

1 3 全国各地でポップアップを開催する人気ぶり。大阪は記念すべき1店舗目のShowroom＆Office 2 カフェスペースも併設され1人1点購入でドリンクをサービス 4 コーヒー、カフェラテ、紅茶などを用意。テイクアウトも可能です

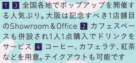

テイクアウトでも楽しめます

ホワイトバージョンのオール刺繍ロゴTシャツも右のグレーと並ぶ人気。edge tee 4950円

プリントではなくオール刺繍のロゴをあしらったオリジナルロゴTシャツ、edge tee 4950円

ショッパーもかわいい♡

ブランドロゴをプリントしたモノトーンのレタリングトートバッグ。hello tote 各3850円

キャップは韓国ストリートファッションのマストハブアイテム。3D logo cap (NFW ERA ver.) 各7480円

ファッション小物も販売。swell keyring各1000円、arch air pods procase 各1200円

名古屋&神戸にもショップが！

2021年3月に名古屋、10月には神戸に支店がオープン。各店のコンセプトの違いも楽しい！　写真はDAYDAY nagoyaのもの。

DAYDAY nagoya
デイデイ ナゴヤ

愛知・名古屋

非公開
愛知県名古屋市中村区並木1-11 1F東
岩塚駅から徒歩6分

DAYDAY kobe
デイデイ コウベ

兵庫・神戸

非公開
兵庫県神戸市中央区元町通3-12-3 2F 2B
元町駅から徒歩1分

뷰티

K-BEAUTY

売れ筋の韓コスをゲットせよ！

圧倒的な品ぞろえを誇るコスメ専門店nanohana。
韓国コスメ担当スタッフにメイク＆スキンケアの
人気アイテムを聞いてみました！

※商品価格はすべて参考価格にて記載しています。

不動の人気No.1アイテム

肌の皮脂をコントロールしてくれるinnisfree ノーセバムミネラルパウダーN 899円

RECOMMEND

肌や前髪に使えて万能。外出時の必需品です！

메이크업 MAKE-UP

流行りの跳ね上げラインに

キラキラ細かいラメがキュート。涙袋にも。ETUDE HOUSE ティアーアイライナー 973円

落ちないツヤリップの王道

色展開が豊富で潤いの持続力も◎。rom&ndジューシーラスティングティント各1320円

しっかりカバーしつつナチュラルに仕上がる。HERA UVミストクッションカバー 4950円

上品な輝き♪これ一つでグラデーションも演出できる。MISSHA グリッタープリズム シャドウ990円

nanohana戎橋店

ナノハナえびすばしてん

スキンケアからメイクアップ系まで100以上の韓国ブランドがずらり。全商品テスター付きで使用感を試せるのが最大の魅力です！

大阪・なんば

06-6211-0013
大阪府大阪市中央区心斎橋筋2-4-5
なんば駅15-B出口から徒歩5分

nanohanaの推しポイント！

店内に韓国プリ機「人生4カット」が

「人生4カット」が関西で初めて上陸したのがここ。＋αで韓国旅行気分が味わえます♪

パウダールームで化粧直しもOK！

女優鏡の前で優雅に化粧直しができちゃうパウダールームはフォトスポットとしても人気。トイレもキレイでかわいい♡

韓国コスメの数はなんと1000点超え

特にマスクパックの品ぞろえは韓国級！お試しサイズも充実しています。

京阪神

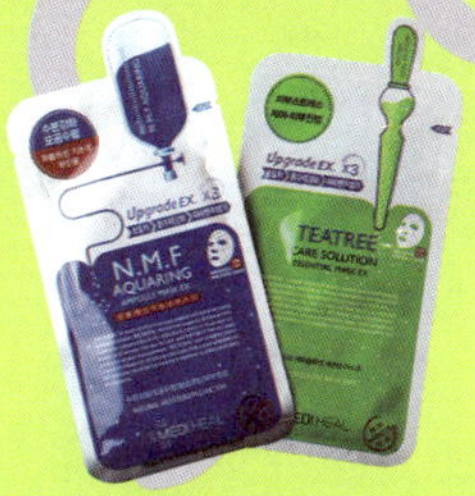

スキンケアの売れ筋No.1。右から、MEDIHEAL ティーツリーエッセンシャルマスク、N.M.F アクアリングアンプルマスク各1枚250円

SNSから爆発的な人気に!

RECOMMEND

CICAは肌の救世主。肌のお守りに♡

右から、オイリー肌にVT シカクリーム2600円、肌の揺らぎにDr.Jart+ CICAペアクリーム4070円

스킨케어
SKINCARE

RECOMMEND

スタッフイチオシ。毛穴引き締め洗顔パック

透明感UPでツルツルなお肌に。ハーフムーンアイズ ピンクフルーティー（3個入り）650円

ちょっとしたご褒美に♪

週1回のスペシャルケアに。Huxley マスク オイルアンドエクストラクト（3枚入り）2700円

RECOMMEND

栄養補給や保湿に最適でマルチに活躍♪

RECOMMEND

肌ケアも同時にできる神クレンジング!

大容量でコスパ最強。拭き取りタイプのVT CICAマイルドクレンジングウォーター1590円

CNPのミストシリーズ。右から、美白用のビタBアンプル、定番のプロポリスアンプル各1650円

リピーター続出ビタミン美容液

肌の透明感UPやニキビ跡、くすみなどの気になる部分に。goodal Vセラムセット2420円

뷰티
K-BEAUTY
噂の行列ブラシが日本でも手に入る！

韓国・弘大《ホンデ》が発祥のアンシブラシは現地のコスメフリークの間でも言わずと知れた存在。メイクの質が変わる魔法のブラシを体感してみて♡

Ancci brush人気のヒミツ

SNSの口コミにより日本でも人気が爆発！ 一度使えばリピ確実な低価格＆高品質なブラシがずらり。

☑ **天然毛なのにリーズナブル！**

広告費用を一切使わないことで、低価格で良質なブラシを提供可能に。

☑ **毛質やブラシの種類が超豊富**

ラインナップは60種類以上。あらゆるパーツ用のブラシを取りそろえる。

☑ **1対1でのカウンセリングも**

専門知識豊富なスタッフがメイクの悩みやブラシの使い方を伝授！

1 2 カウンセリングコーナーやフォトスポットも用意
3 ブラシの使用感を試せるのも店頭ならでは。気になるブラシや選び方に困ったらスタッフさんに声をかけて

＼ 人気ブラシTOP5はこれ！ ／

Ancci brush 大阪北堀江店

アンシブラシ おおさかきたほりえてん

ヤギ、イタチ、リス、馬、タヌキなど、主に動物の天然毛を使用したオリジナルのブラシを販売。オンラインや東京・新大久保にも店舗がある。

大阪・堀江

なし　大阪府大阪市西区北堀江1-17-1 cor(コル) 104
四ツ橋駅4番出口から徒歩2分

右から、下地用ebony11 2400円、コンシーラー用ebony16 980円、ファンデーション用ebony10 1980円、アイシャドウ用ebony24 2140円、アイシャドウ用ebony40 1080円

頭から爪先まで 韓国仕込み

大阪で韓国ヘアとネイルを叶えるならココ！
韓国トレンドに敏感なサロンが同じ空間に集まっていて、ワンストップで一気に解決できる♪

韓国のお菓子をデザイン♪

ハンド 4950 ～ 9900円、オプション価格あり。予約はLINE (@kyalulu) から

キンパのお店を爪先に！

KYALÜLÜ nail studio

キャルル ネイル スタジオ

韓国とアメリカで6年間ネイリストをしていたRIEさんのお店。ハングルネイルやトレンドのうるうるネイルなどさまざまなデザインに対応。

大阪・堀江

なし
大阪府大阪市西区北堀江1-9-11
リップルビル3F Healhair堀江店内
四ツ橋駅4番出口から徒歩2分

HEAL HAIR

ヒールヘアー

ソウルに本店がある人気ヘアサロン。王道の韓国スタイルからトレンドヘアまで、一人ひとりの好みや雰囲気に合うスタイルを提案。

大阪・堀江

06-6599-9441
大阪府大阪市西区
北堀江1-9-11
リップルビル3F
四ツ橋駅4番出口
から徒歩2分

カット4000円～、カラー4600円～(長さにより料金追加の場合あり)。東京・高田馬場にも支店がある

ボブスタイルの"タンパルモリ"

COLUMN 8

ホカンスで渡韓ごっこ♡

호캉스

日本のホテルで“渡韓”を疑似体験！

“ホカンス”はホテル＋バカンスを組み合わせた造語で、ホテルにこもってバケーションを満喫すること。韓国で火がついたトレンドですが、今では日本でもすっかりおなじみに。スタイリッシュなホテルの部屋にデリバリーやテイクアウトで用意した韓国料理を並べれば、まるで渡韓中のホテルにいるような気分に♪

ボンボンは必須アイテム♡

1 全44室、写真はスタンダードダブルルーム。宿泊料金は各予約サイトや日程により変動します 2 オープンテラス付きの併設カフェ「CEN CAFE」は宿泊者以外も利用OK。有志ファンによるK-POPアイドルの誕生日イベントが行われることもあります

新大久保の中心部に位置し、“渡韓ごっこ”をするのに最高の立地！

CEN DIVERSITY HOTEL & CAFE

セン ダイバーシティ ホテル アンド カフェ

外国人やLGBT当事者の採用を積極的に行うなど多様性を大切にしているホテル。シックで落ち着いた雰囲気も魅力です。

東京・新大久保

03-6278-9901
東京都新宿区百人町1-5-19
新大久保駅から徒歩5分

テラス付きのカフェも穴場♪

1 全160室。オリジナルのタータンチェック柄ファブリックをきかせたミニマルなデザインが素敵。プレミアムダブルルーム1泊1万6900円～
2 3 ワーキングデスクとベンチを備えた緑あふれるロビー

hotel it.

ホテル イット

“紡ぐ”がコンセプトのライフスタイルホテル。お得な特典付きホカンスプランもあるので公式サイトで詳細をチェック！

大阪・新町

06-6539-1110

大阪府大阪市西区新町4-6-20

西長堀駅4-A口から徒歩2分

推しの誕生日にホカンス♡

(左)センイルケーキとシャンパン、フルーツやおつまみを用意して推しの誕生日をお祝い♪(右)バルーン、花びら、タオルアートによる客室デコレーションサービス(有料)も

FUKUOKA 후쿠오카 福岡

DINING

KOREAN DINING CHAYU

コリアンダイニング チャユ

ネオンが映える現代風韓国居酒屋。種類豊富なメニューの中から好みの韓国料理を選んで。ジャジャン麺1200円、タンスユク1500円ほか。

福岡・天神
☎092-753-7799
福岡県福岡市中央区大名1-10-10 KIビル2F
赤坂駅5番出口から徒歩6分

SUPER

AIMAI

アイマイ

ブラックを基調としたスタイリッシュな空間。材料を惜しみなく使ったユニークなドリンク＆フードが楽しめます。チョコ 600円ほか。

福岡・博多
☎092-292-7696
福岡県福岡市博多区博多駅前4-32-14 MSCビル1F
博多駅西16出口から徒歩10分

CAFE

SUPER

CAFE

ON SUGAR

オン シュガー

手作りドーナツとベイクのお店。オーガニック素材にこだわり、ふわふわ生地にカスタードがたっぷり入ったマラサダドーナツ380円。

福岡・薬院
☎092-707-3757
福岡県福岡市中央区薬院1-10-17
薬院大通駅2番出口から徒歩3分

福岡、名古屋、札幌を中心に全国各地にある韓国料理店や韓国っぽなカフェをご紹介！
日本で韓国旅行気分が味わえる厳選スポットを集めました。

DINING

マダンセ《まだんせ》

釜山に本店があり、本場の味を忠実に再現するため生鮮食品以外の食材はほぼ韓国産を使用。デジカルビ1人前1580円（2人前から注文可）。

福岡・薬院
092-753-6260
福岡県福岡市中央区高砂1-2-21
渡辺通駅1番出口から徒歩4分

オッパ家《おっぱや》

韓国人オーナーが試行錯誤して作り上げたオリジナルの料理は期待を裏切らないおいしさと圧倒的な量！　純豆腐チゲ定食1000円。

福岡・博多
092-260-3348
福岡県福岡市博多区住吉2-4-7 レジデンス博多101
博多駅西24出口から徒歩13分

DINING

DINING

韓国屋台 ダルバム《かんこくやたい だるばむ》

「梨泰院クラス」を彷彿とさせる屋台風のお店。これでもかというくらい具だくさんなスパムのプデチゲ1人前1320円（2人前から注文可）。

福岡・中洲
092-282-7741
福岡県福岡市博多区下川端町1-331 2F
中洲川端駅7番出口から徒歩3分

全国のおでかけ韓国スポット

a.m.
エイム

クロッフルのテイクアウト専門店。デザート系5種類のほか、エビアボカドやピザなどの惣菜系も。クロッフル(プレーン)350円ほか。

愛知・名古屋
非公開
愛知県名古屋市中区大須3-10-35 マルチナボックス1F
上前津駅1番出口から徒歩4分

SHOP

byeol.
ビョル

グレーで統一された店内がスタイリッシュ。K-POPアイドルのカップホルダー配布や誕生日イベントも開催。テリーヌショコラ450円。

愛知・名古屋
非公開
愛知県名古屋市中区栄4-12-19 栄タワービル201
栄駅12番出口から徒歩5分

CAFE

百濟
ペクチェ

名古屋でカンジャンケジャンを食べるならココ。韓国西海岸のメスの渡り蟹を厳選し使用。自家製カンジャンケジャン2人前(2匹)9100円。

愛知・名古屋
052-731-9886
愛知県名古屋市千種区仲田2-19-16
今池駅4番出口から徒歩5分

DINING

NAGOYA
나고야
名古屋

SAPPORO 삿포로 札幌

CAFE

ソウルテラス《そうるてらす》

トゥンカロンやぽってり分厚いルベンクッキーなど、韓国で人気のキュートなスイーツとドリンクが味わえます。ロータスクッキー440円。

北海道・札幌
011-792-0908
北海道札幌市北区北26条西5-1-1 リュウルビル1F
北24条駅1番出口から徒歩5分

sal coffee《サル コーヒー》

タカナシ乳業のミルクを使ったラテメニュー580円〜とチーズケーキがおすすめ。無機質で広々とした店内にはK-POPが流れています。

北海道・札幌
非公開
北海道札幌市中央区南3条西9-999-16
西11丁目駅3番出口から徒歩7分

CAFE

DINING

コヒャン《こひゃん》

食の都として知られる韓国・全州出身の店主が作る本格的な家庭料理が味わえます。もやしプルコギ1人前1200円（2人前から注文可能）。

北海道・札幌
011-838-0337
北海道札幌市西区発寒13条3-6-10
発寒中央駅北口から徒歩13分

OTHER AREA

기타지역
そのほかエリア

全国のおでかけ韓国スポット

CAFE TOCHIGI

ankclassic
アンククラシック

美容室に併設されたカフェ。毎月季節限定メニューが出るのでインスタをチェック。ミルクティースコーン253円。

栃木・宇都宮
0283-07-0559
栃木県宇都宮市春日町12-6
江曽島駅東口から徒歩10分

CAFE TOCHIGI

韓国茶屋ハノク②
かんこくちゃやはのくまるに

チゲ用のトゥッペギ（陶器鍋）に盛り付けられた韓国式かき氷や韓国の伝統茶が楽しめます。イチゴビンス935円。

栃木・宇都宮
0283-07-8172
栃木県宇都宮市西1-1-3
東武宇都宮駅東口から徒歩5分

DINING NIIGATA

コリアンダイニングバーぽちゃ。
こりあんだいにんぐばーぽちゃ

韓国で修業した店主が営む店。スタッフの制服が生活韓服なのもポイント！ クリスピーチキンハーフ＆ハーフ1250円。

新潟・新潟
025-278-8589
新潟県新潟市中央区東大通2-3-7
新潟駅万代口から徒歩6分

CAFE **ISHIKAWA**

オズワルド -ROOFTOP CAFE & BAR-

おずわるど ルーフトップカフェ アンド バー

2021年6月オープン。ホテルの屋上にあり昼はカフェ、夜はバーとして楽しめます。ブラウンチーズクロッフル700円。

石川・金沢

076-255-6271(ベンジャミンホテル)
石川県金沢市片町2-29-6
ベンジャミンホテル5F
金沢駅からバスで15分、「片町」下車徒歩3分

DINING **ISHIKAWA**

갈매기 본점

カルメギ ホンテン

内外観にハングルを押し出し、韓国にあるお店のような雰囲気の焼肉店。カルメギサル1188円(2人前から注文可能)。

石川・野々市

076-227-9155
石川県野々市市高橋町14-43
野々市工大前駅から徒歩6分

DINING **MIYAGI**

韓国料理オモニ クリスロード店

かんこくりょうりおもに くりすろーどてん

店内はモダンな雰囲気で、化学調味料を使わず丁寧にダシをとって作る料理が魅力です。ヤンニョムセウ定食1480円。

宮城・仙台

022-797-0779
宮城県仙台市青葉区中央2-6-7太田屋ビル2F
仙台駅西口から徒歩5分

DINING **KOCHI**

景福宮

きょんぼっくん

古民家を韓国風にリノベーション。ランチは定食を選ぶとおかずバイキングが楽しめます。石焼きビビンバ1050円。

高知・南国

088-855-6735
高知県南国市上末松316
土佐長岡駅から徒歩4分

INDEX

Seoul Cafe	カフェ	新大久保	P.36
Somsatang	ショップ	世田谷	P.93
タッカンマリ食堂 -DAKKANMARI DINING新大久保	グルメ	新大久保	P.80
CHEKCCORI	ショップ	神保町	P.89
Chicken PLUS	グルメ	新大久保	P.60
cha aoyama	カフェ	青山	P.50
チャカン食堂	グルメ	新大久保	P.30
CHOA ONNI	体験	原宿	P.95
青年茶房	グルメ	新大久保	P.36
Tea Therapy 東京店 絵舞遊	カフェ	町田	P.48
depound	ショップ	代官山	P.91
TEgg.42	グルメ	渋谷	P.73
DOTORI MACARON 代官山店	カフェ	代官山	P.53
ドルチェマリリッサ	カフェ	表参道	P.56
nui box	カフェ	新宿御苑	P.44
NEXTinDANCE	体験	渋谷	P.94
NERDY CAFE	カフェ	原宿	P.54
NERDY HARAJUKU FLAGSHIP STORE	ショップ	原宿	P.91
ハンシンポチャ 職安通り店	グルメ	新大久保	P.14
bb.qオリーブチキンカフェ 笹塚店	グルメ	笹塚	P.60
ピョルジャン	グルメ	新大久保	P.36
pirum candle	ショップ	代官山	P.93
PAIK'S BEER	グルメ	新大久保	P.14
Belinda Mona 新宿本店	ビューティー	新大久保	P.88
ホシギ2羽チキン 2号店	グルメ	新大久保	P.61
BORNGA 新宿職安通り店	グルメ	新大久保	P.14
香港飯店0410 職安通り店	グルメ	新大久保	P.14
ホンスチュクミ 新宿本店	グルメ	新大久保	P.33
MACAPRESSO 新大久保 本店	カフェ	新大久保	P.52
マニョキンパ 市ヶ谷店	グルメ	市ヶ谷	P.70
まもなく釜山駅	グルメ	新大久保	P.32
MUUN Seoul 1号店	カフェ	原宿	P.41
MUUN Seoul 2号店	カフェ	原宿	P.40
ヤンピョンヘジャンク	グルメ	新大久保	P.82
ヨプトッポッキ 新大久保2号店	グルメ	新大久保	P.36
lattencos	ショップ	新大久保	P.20
レトロポチャ	グルメ	新大久保	P.28
わら火 by くるむ	グルメ	新大久保	P.18

東京

麻布十番グレイス	グルメ	麻布十番	P.84
the Angie Ave.	カフェ	分倍河原	P.56
YESMART	ショップ	新大久保	P.34
一味 カンジャンケジャン 人形町	グルメ	人形町	P.74
IROHANI	ショップ	新大久保	P.36
ALAND	ショップ	渋谷	P.90
Egg On	グルメ	田町	P.72
OLIVE YOUNG PB COSMETICS ルミネエスト新宿店	ショップ	新宿	P.86
Cafe de paris 新宿ルミネエスト店	カフェ	新宿	P.55
카페,늘 (カフェ、ヌル)	カフェ	新大久保	P.26
Kayaチキン	グルメ	新大久保	P.61
辛風	グルメ	三河島	P.66
韓国海鮮専門店 テジョンデ	グルメ	新大久保	P.24
韓国式証明写真館 MJ PHOTO STUDIO	体験	新大久保	P.98
韓国式豚焼肉 豚山食堂	グルメ	池尻大橋	P.64
韓国広場	ショップ	新大久保	P.35
韓国屋台とパンチャンショップ ベジテジや 学芸大学店	グルメ	学芸大学	P.68
韓国料理専門店 テ〜ハンミング	グルメ	新大久保	P.63
元祖 宋家 ガムジャタン専門店(別館)	グルメ	新大久保	P.78
COOING	カフェ	原宿	P.53
グッネチキン 新大久保店	グルメ	新大久保	P.61
古家庵	グルメ	赤坂見附	P.76
GUNHEE TOKYO	ビューティー	表参道	P.88
雑貨屋PKP	ショップ	高円寺	P.92
the BAKE HOUSE	カフェ	永福町	P.42
THE LOUNGE	カフェ	八王子	P.38
Salon de Louis 2号店	カフェ	表参道	P.46
シンジョントッポッキ 新大久保店	グルメ	新大久保	P.22
すがもキンパ	グルメ	巣鴨	P.71
STYLENANDA HARAJUKU STORE	ショップ	原宿	P.90
SLOWSLOW_QUICK-QUICK-	グルメ	新大久保	P.16
刹那館 新大久保店	体験	新大久保	P.98
sepurish 新大久保店	体験	新大久保	P.95
セマウル食堂 新宿職安通り店	グルメ	新大久保	P.14
セルフ写真館 GENICBOOTH	体験	渋谷	P.99
CEN DIVERSITY HOTEL & CAFE	ホテル	新大久保	P.182
ソウル市場	ショップ	新大久保	P.35

ドゥドジカフェ	カフェ	大阪・鶴橋	P.142
DODAM Cafe	カフェ	大阪・堀江	P.138
nanohana 戎橋店	ショップ	大阪・なんば	P.178
Nulpum studio	ショップ	大阪・堀江	P.139
noncaron	カフェ	京都・東山	P.146
BUTTERCUP	カフェ	兵庫・元町	P.132
하늘카페 (ハヌル カペ)	カフェ	大阪・鶴橋	P.145
韓잔 [hanjan]	グルメ	京都・西木屋町	P.152
韓流百貨店 大阪鶴橋店	ショップ	大阪・鶴橋	P.126
HEAL HAIR	ビューティー	大阪・堀江	P.181
ピニョ食堂	グルメ	京都・三条	P.164
bluepear Coffee/Photo	体験	大阪・堀江	P.96
BUNBUNBUNSIK	グルメ	京都・東山	P.162
hotel it.	ホテル	大阪・新町	P.183
ミリネヤンコプチャン	グルメ	京都・寺町仏光寺	P.156
麦の家	グルメ	大阪・鶴橋	P.106
安田商店	体験	大阪・鶴橋	P.121
延南ソ食堂 大阪本店	グルメ	大阪・日本橋	P.159
李朝喫茶 李青	カフェ	京都・出町柳	P.140
ろぶた ポチャ	グルメ	京都・烏丸御池	P.170

そのほか

AIMAI	カフェ	福岡・博多	P.184
ankclassic	カフェ	栃木・宇都宮	P.188
a.n.	カフェ	愛知・名古屋	P.186
オズワルド -ROOFTOP CAFE&BAR-	カフェ	石川・金沢	P.189
オッパ家	グルメ	福岡・博多	P.185
ON SUGAR	カフェ	福岡・薬院	P.184
갈매기 본점 (カルメギ ホンテン)	グルメ	石川・野々市	P.189
韓国茶屋ハノク②	カフェ	栃木・宇都宮	P.188
韓国屋台 ダルバム	グルメ	福岡・中洲	P.185
韓国料理オモニ クロスロード店	グルメ	宮城・仙台	P.189
景福宮	グルメ	高知・南国	P.189
コヒャン	グルメ	北海道・札幌	P.187
KOREAN DINING CHAYU	グルメ	福岡・天神	P.184
コリアンダイニングバーぽちゃ。	グルメ	新潟・新潟	P.188
sal coffee	カフェ	北海道・札幌	P.187
ソウルテラス	カフェ	北海道・札幌	P.187
byeol.	カフェ	愛知・名古屋	P.186
百濟	グルメ	愛知・名古屋	P.186
マダンセ	グルメ	福岡・薬院	P.185

京阪神

I'm	カフェ	大阪・福島	P.130
un weekend à home	カフェ	京都・東山	P.128
Ancci brush 大阪北堀江店	ショップ	大阪・堀江	P.180
梅田韓国ビルディング	グルメ	大阪・梅田	P.148
オヂェパメン	グルメ	大阪・鶴橋	P.112
어때 オッテ	グルメ	大阪・堀江	P.173
cafe Ato	カフェ	大阪・鶴橋	P.119
cafe sketch	カフェ	大阪・堀江	P.139
cafe dal.a	カフェ	大阪・鶴橋	P.118
cafe NAMS	カフェ	大阪・北加賀屋	P.143
cafe no. 堀江店	カフェ	大阪・堀江	P.136
Cafe Hush	カフェ	京都・山科	P.134
Cafe 반짝반짝	カフェ	大阪・住吉区	P.145
cafe BPM	カフェ	大阪・塚本	P.145
(株) 豊田商店	ショップ	大阪・鶴橋	P.108
韓国居酒屋ばんぐり 鶴橋店	グルメ	大阪・鶴橋	P.122
韓国居酒屋 ぶりや チカチキン 心斎橋店	グルメ	大阪・心斎橋	P.171
韓国四季料理 MARU	グルメ	大阪・鶴橋	P.114
韓国ファッション 고속터미날 鶴橋店	ショップ	大阪・鶴橋	P.120
韓国屋台料理とナッコプセのお店 ナム 西院店	グルメ	京都・西院	P.150
元祖平壌冷麺屋 本店	グルメ	兵庫・新長田	P.174
キムチランド 鶴橋本店	ショップ	大阪・鶴橋	P.110
KYALÜLÜ nail studio	ビューティー	大阪・堀江	P.181
神戸サムギョプサル 本店	グルメ	兵庫・県庁前	P.154
Cosmetic SAMI 桃谷本店	ショップ	大阪・鶴橋	P.126
こばこ	グルメ	大阪・道頓堀	P.160
彩食韓味 李園	グルメ	大阪・鶴橋	P.124
蔘鶏湯 人ル	グルメ	大阪・鶴橋	P.166
サンコー食品	ショップ	大阪・鶴橋	P.126
幸福餃子館 (幸福飯店)	グルメ	大阪・日本橋	P.172
SHELTER COFFEE	カフェ	大阪・鶴橋	P.116
春夏秋冬ビル	ショップ	大阪・鶴橋	P.126
セルフ写真館 ulipom	体験	京都・烏丸七条	P.99
ソウルゴプチャン	グルメ	大阪・谷町	P.158
서가식당 (ソガシッタン)	グルメ	京都・東山	P.168
Chapter One	カフェ	滋賀・膳所	P.135
鶴橋クラス	ショップ	大阪・鶴橋	P.126
DAYDAY osaka	ショップ	大阪・枚方	P.176

編集・制作　omo!（後藤涼子、土田理奈）
取材・執筆・協力　hanilog（yuuka、茶谷愛海、土田優花、NAMI、佐野麗華、原田朋実、前田毬愛）
mao
表紙デザイン　iroiroinc.（佐藤ジョウタ）
本文デザイン　iroiroinc.（佐藤ジョウタ+香川サラサ）
撮影　日高奈々子　マツダナオキ
済陽弥生　佐藤侑治
ハリー中西　橋本正樹　古根可南子　野中弥真人
蓮池ヒロ　宮本ゆりこ　yuuka
写真協力　関係諸施設
組版・印刷　大日本印刷株式会社
企画・編集　朝日新聞出版（生活・文化編集部　白方美樹）

おでかけ韓国《かんこく》 *in* 東京・京阪神

2021年11月30日　第1刷発行

編　著　朝日新聞出版
発行者　橋田真琴
発行所　朝日新聞出版
〒104-8011　東京都中央区築地5-3-2
電話 (03)5541 - 8996（編集）
(03)5540 - 7793（販売）
印刷所　大日本印刷株式会社

ISBN　978-4-02-334710-6

놀러《ノルロ》 가자《カジャ》♥
（遊びに行こう）